Ulrich Hoefer

Konon, Text und Quellenuntersuchung

Ulrich Hoefer

Konon, Text und Quellenuntersuchung

ISBN/EAN: 9783743626676

Hergestellt in Europa, USA, Kanada, Australien, Japan

Cover: Foto ©ninafisch / pixelio.de

Weitere Bücher finden Sie auf **www.hansebooks.com**

Konon.

Text und Quellenuntersuchung

von

Ulrich Hoefer
Dr. ph.

Greifswald.
Verlag von Ludwig Bamberg.
1890.

Dem Andenken

Alfred von Gutschmid's

gewidmet.

Vorrede.

Die vorliegende Arbeit wurde bereits im Jahre 1883 begonnen auf Anregung des verehrten Meisters, zu dessen Füssen der Vf. gesessen hat, mit dem er längere Zeit hindurch einen vertrauteren persönlichen Verkehr pflegen durfte, dem er diese Schrift als Zoll schuldiger Dankbarkeit widmen wollte. ἀλλ' ἁ μοιριδία τις δύνασις δεινά. —

Äussere Umstände waren die Ursache dessen, dass die Vollendung der Arbeit sich so verzögerte. In einer Universitätsstadt begonnen musste sie in der Folgezeit Jahrelang ganz liegen bleiben, bis ein Aufenthalt in verschiedenen kleineren Städten mit höchst bescheidenen Bibliotheken ein mühsames, oft durch Fehlen der notwendigsten Hülfsmittel unterbrochenes, Weiterarbeiten gestattete. Nachdem ich nun aber endlich zu einem gewissen Abschluss gekommen und die Überzeugung gewonnen, dass ich selbst in kürzerer Zeit nicht viel Wesentliches mehr würde finden können, habe ich mich entschlossen die Arbeit der Öffentlichkeit zu übergeben.

Über die Methode kann im ganzen ein Zweifel kaum bestehen. Die Hauptsache ist die Durchdringung der gesamten Überlieferung für jede einzelne Erzählung; wie weit mir dieselbe gelungen, mögen andere entscheiden. Mitgeteilt aber habe ich von dem Material nur, was mir für meinen Zweck notwendig schien, und die Entwicklungsgeschichte sämtlicher bei Konon vorliegender Sagen zu versuchen fühlte ich mich sowieso ausser stande. So wird auch hier noch Vieles Einzeluntersuchungen überlassen bleiben. Indessen hoffe ich gezeigt zu haben, was man von Konon zu halten hat. Im einzelnen aber werden viele meiner Aufstellungen wieder fallen müssen, wie es noch viele Arbeit und viele Hypothesen — ohne die man hier nicht auskommt — erfordern wird, bis wir uns durch das Gewirr verschlungener Mythenfäden hindurchgewunden haben werden zur Sicherheit darüber, welches Material denn überhaupt ein Sagenschriftsteller zu Oktavians Zeit benutzen konnte, oder auch ein Strabon, ein Pausanias.

Drei der Erzählungen wird man hier nicht behandelt finden: XXXVII, XL, XLVIII. Auf die beiden ersteren hoffe ich in anderem Zusammenhang zu kommen, über die letztere mag ein Berufenerer urteilen.

Eine Übersicht der Abweichungen meines Textes von dem Westermanns dürfte manchem erwünscht sein; sie sei hier gegeben (ich stelle meine Lesart vor die Klammer): S. 6,28 Ἀκκίνῳ] Λατίνῳ — 6,30 μὲν ὡς] ὡς — 7,7 ἀπωλοφύρετο] ἀπωλοφύρατο — 7,24 τὰ περὶ] περὶ — <Ἀρίστωνος τοῦ> Ῥηγίνου] Ῥηγίνου — 7,33 Μαντοῦς] Μάντης — 8,20 Ἀτρέως] Τρώου — 8,29 μητέρα] θυγατέρα — 11,6 εἰσάγεται γυναῖκα] ἄγεται εἰς γυναῖκα — 12,9 Κόροιβος] Κρότωπος — 12,20 κατὰ] μετὰ — 12,23 Ἰασίων] Ἰάσων — 13,3 ἐποίει] ἐνεποίει — 14,12 ἐγρύθη] ἐξεγρύθη — 15,21 νεώτατος <Ξοῦθος>] νεώτατος — 16,29 Ἀῶος] Ἀῶος — 17,6 μετέστη] ἔπτη — 17,9 τῆς τοῦ] τῆς — 18,6 φιλησίου] φιλίου — 18,23 τοῦ τείχους] τὸ τεῖχος — 19,21 ὑπερκείμενον] ὑποκείμενον — 19,24 χρυσίου] χρυσοῦ — 20,2 ἀποδασμός] ἀπόδασμος — 21,2 ὡμολόγει] ὁμολογεῖ — 21,11 παραθήκην] παρακαταθήκην — 22,1 μελαναίγιδι] Μελανθίδη — 24,19 Ἀμφιτρῆς] Φίτρης — 25,19 ὡπλισμένων] ὡπλισμένον — 27,31 ποιμένων] ποιμαίνων — 29,16 μετελθοῦσα] ὑπελθοῦσα.

Zum Schluss sei dem unermüdlichen Förderer meiner Arbeit, dem Gymnasiallehrer Herrn Dr. G. Knaack in Stettin, auch an dieser Stelle der wärmste Dank ausgesprochen!

Belgard (Persante)
im März 1890.

Ulrich Hoefer.

Einleitung.

Über die Person des Konon, des Verfassers der fünfzig Erzählungen meist sagengeschichtlichen Inhalts, welche in des Photios Bibliothek auszugsweise erhalten sind, lässt sich Thatsächliches heutzutage nicht mehr beibringen als zu G. J. Vossius' Zeiten. Denn nach wie vor sind wir auf das Zeugnis des einzigen Photios an wiesen. Zu Anfang seines Auszuges (bibl. cod. 186) sagt er: προσφωνεῖ μὲν τὸ πονημάτιον Ἀρχελάῳ φιλοπάτορι βασιλεῖ, περιέχεται δ' αὐτῷ ἐκ πολλῶν ἀρχαίων συνειλεγμένα ν διηγήματα und zu Ende desselben: Ἀττικὸς δὲ τὴν φράσιν ἐστί, ταῖς δὲ συνθήκαις καὶ ταῖς λέξεσι χαρίεις τε καὶ ἐπαφρόδιτος, ἔχων τι καὶ τοῦ συνεστραμμένου καὶ ἀνακεχωρηκότος τοῖς πολλοῖς.

Die Frage, wer der „König Archelaos Philopator" gewesen, welchem Konon sein Werk gewidmet hat, kann mit ziemlicher Sicherheit beantwortet werden, indem die von Vossius (de historicis Graecis 206 ed. Westerm.) und den Späteren ausgesprochene Vermutung, dass wir es mit dem von M. Antonius eingesetzten König Archelaos von Kappadokien zu thun haben, eine Bestätigung durch Münzen findet, auf welchen dieser Archelaos mit dem Beinamen Philopatris erscheint.[1]) Das Bildnis des Fürsten trägt die Umschrift βασιλέως Ἀρχελάου φιλοπάτριδος τοῦ κτίστου. — Konon hat also sein Buch dem König Archelaos von Kappadokien zugeeignet, einem Manne, der nicht nur in der politischen, sondern auch in der Literaturgeschichte seinen Platz hat. Er war ein gelehrter Mann, wie die wenigen Stellen, welche sich auf ihn beziehen, immerhin erkennen lassen. Als χωρογράφος τῆς ὑπὸ Ἀλεξάνδρου πατηθείσης γῆς begegnet er bei Diogenes Laertius und als solcher wurde er, wie es scheint selbst Kompilator, eine Beute des kompilierenden Juba II von

---

1) Visconti, Iconographie grecque, vol. II tab. XV 5; s. auch Heyne bei Kanne p. 170.

Mauretanien.²) Auf rednerisches Verdienst aber hat Archelaos wohl so wenig Anspruch erhoben wie Juba und Nikolaos von Damaskus — von Peter passend zum Vergleich herangezogen — und wie Konon selbst. Für den letzteren kann das mit Sicherheit gesagt werden trotz des wortreichen Lobes, welches der Kirchenvater seiner Sprache spendet, und wenn Photios des Konon Attisch rühmt, so brauchen wir darum den Mann nicht etwa als einen zu betrachten, der sich dem jungen Attikismus in die Arme geworfen, sondern der Auszug selbst kann unser Urteil leiten. Wenn man nun einzelne Erzählungen miteinander vergleicht, z. B. die Worte über das Haupt des Orpheus (45), poetisch durch und durch, mit der Sprache der meisten übrigen Erzählungen, so wird man ohne Weiteres zu der Ansicht gelangen, dass unser Schriftsteller kaum einen scharf ausgeprägten Stil besass, dass er vielmehr so schrieb wie seine Quelle, an welche er sich aufs Engste anschloss.³)

Sage ist es zum grössten Teil, was Konon bietet. Wenige Erzählungen nur sind es, welche sich auf die Zeit beziehen, die den Griechen seit Ephoros gemeiniglich als historische Zeit galt, die Zeit nach der Rückkehr der Herakliden. Das Buch giebt eine Auswahl von Sagen, anscheinend gänzlich planlos ausgewählt. Weder die Art ist bestimmt, wie im Metamorphosenbuch des Antoninus Liberalis oder in der Schrift des Parthenios, noch die Tendenz, wie etwa bei Palaiphatos. Bald ist die Sage gegeben rein, ohne alles Beiwerk, bald wieder ist die Erzählung deutlich ätiologisch gewandt; ein paarmal tritt Euhemerismus hervor. Wiederum lässt sich hieraus der Schluss ziehen, dass der Verfasser die Stoffe ganz hinnahm, so wie er sie vorfand.

ἐκ πολλῶν ἀρχαίων συνειλεγμένα — dass Photios Recht hat, wenn er die Erzählungen so nennt, wird man von vornherein zuzugeben geneigt sein; enthalten sie doch nicht Weniges, was völlig singulär dasteht. Dass trotzdem die Schrift im Altertum weiter nicht Erwähnung findet, auch überhaupt nirgends benutzt erscheint, hat offenbar die Planlosigkeit ihrer Anlage bewirkt. Dazu kommt der Umstand, welcher eben die Quellenuntersuchung nötig macht, durch welchen schon Heyne zu dem Ausruf veranlasst wurde: utinam no-

---

2) H. Peter Über den Wert der historischen Schriftstellerei von König Juba II von Mauretanien (Meissen 1879) 7 f. Archelaos wird sonst zitiert bei Plinius und Solin, bei beiden, wie Peter meint, durch Vermittlung des Juba. Was von den Citaten in [Plutarch] de fluviis zu halten ist, ist bekannt; da erscheint Ἀρχέλαος περὶ ποταμῶν.
3) Dies letztere sagt auch schon C. Robert de Apollodori bibliotheca 39, auch G. Knaack Callimachea (Progr. d. Marienstiftsgymn. zu Stettin 1887) p. 2. H. Flach freilich (im Ersch und Gruber unter Konon) bemerkt, unser Konon sei vermutlich identisch mit einem von Dio Chrysostomus genannten Rhetor, und sein Buch war „wahrscheinlich rhetorischer Natur." Aus der Betrachtung der Erzählungen selbst dürfte diese Ansicht schwerlich gewonnen sein; immerhin mag, wer die Namensvettern sehen will, den Artikel Flach's nachlesen. — Ein paar Fragmente eines Konon stehen FHG IV 368.

mina adscripta haberemus! Gewiss fällt diese Sünde der Unterlassung der Quellenangaben nicht Photios zur Last, der sie anderwärts doch wiedergiebt — so sei nur an Ptolemaios erinnert —, sondern dem Konon selbst, welcher weder auf den Ruhm rhetorischer Schulung, noch auf den der Gelehrsamkeit Anspruch erhob. Niemals werden verschiedene Namen angegeben, wie in anderen aus Kompendien entlehnten Sagenerzählungen doch so vielfach; abgesehen von zwei euhemeristischen Geschichten, in denen es heisst οὐχ ὡς "Ελληνές φασι (37) oder ἑτέρως ἢ ὡς ὁ Ἑλλήνων μῦθος (40), wird nur zweimal ein Bericht einem anderen gegenübergestellt (41 u. 27). Das Buch sollte wohl lediglich der Unterhaltung dienen.

Befremdend klingt das Wort des Photios p. 145b: καὶ περὶ ὧν δὲ Κόνων συνέταξεν, οὐκ ὀλίγα προσέγραψε nämlich Nikolaos in seiner παραδόξων ἐθῶν συναγωγῇ. Gerade für die Zwecke des Nikolaos scheint Konons Schrift als Quelle wenig passend, doch werden wir dem Photios dies wenigstens glauben müssen, dass zwischen den beiden Büchern etliche Berührungspunkte waren, worauf später noch zurückzukommen sein wird. Photios las das Werk des Konon in demselben τεῦχος mit der Bibliothek des Apollodoros, wie er p. 142a bemerkt. In einem anderen Buche vereint hatte er Sotions Paradoxa, des Nikolaos schon erwähntes Wunderbuch und des Akestorides τῶν κατὰ πόλιν μυθικῶν λόγοι δ'. Auch hier fand Photios Berührungspunkte (p. 146a): πολλὰ μὲν οὖν ἔστιν ἐν τούτοις εὑρεῖν, ἅ τε συνείλεκται Κόνωνι καὶ Ἀπολλόδωρος ἐν τῇ αὐτοῦ εἶπε βιβλιοθήκῃ καὶ Ἀλέξανδρος ἤθροισε καὶ Νικόλαος προσεφώνησε καὶ Πρωταγόρας[4]) προδιέλαβεν κτλ.

Die fünfzig Erzählungen des Konon sind ausserhalb des Zusammenhangs der Bibliothek des Photios zuerst herausgegeben worden von Thomas Gale unter den Historiae poëticae scriptores antiqui, Paris 1675 S. 241 ff., versehen mit kurzen Noten von Schott und Hoeschel. Es folgt die Ausgabe von L. H. Teucher (zusammen mit Ptolemaios und Parthenios) Leipzig 1794 (editio altera 1802). Diese Ausgabe zeigt gegenüber der Gale'schen keinen Fortschritt. Ganz anders und besser steht es mit Kanne's Ausgabe (1798): Cononis narrationes Lex Photii Bibliotheca edidit et adnotationibus illustravit Io. Arnoldus Kanne. Praefixa est epistola ad Heynium. Adiectum Chr. G. Heynii spicilegium observationum in Cononem. Gestützt auf die Grundlage tüchtiger Belesenheit hat sich Kanne sowohl als auch Heyne um die emendatio des Schriftstellers wohl verdient gemacht, während die recensio natürlich auf dem alten Punkte stehen blieb. Der Kommentar Kanne's aber bedeutet für Konon beinahe das, was Heyne's Kommentar für die sogenannte Apollodorische Bibliothek.

Immanuel Bekker gab in seiner Ausgabe der Bibliothek des

---

4) Protagoras war der Verf. einer γεωμετρίας τῆ; οἰκουμένης ἐπιγραφή, Alexandros einer θαυμασίων συναγωγή, beide Bücner cod 188 p. 145b erwähnt.

Photios 1824 eine neue Rezension durch die Heranziehung und Zugrundlegung des codex 450 (A) der Marciana in Venedig. Drei Pariser Handschriften stehen dieser gegenüber. Auf Bekker's Schultern steht A. Westermann, welcher den Konon unter den Μυθογράφοι herausgab (1843) und der Herausgeber der vorliegenden Recognition, der die betreffende Partie des Marcianus 450 an Ort und Stelle nochmals verglichen hat. Die Ausbeute war, wie sich erwarten liess, gering. Vor den Geschichten stehen, von erster Hand geschrieben, Titel, welche Bekker weggelassen hat, ich aufgenommen habe.[5])

---

5) Dieselben Titel stehen im Marcianus 451, ebenfalls die Bibliothek des Photius enthaltend. Die Handschrift, erst in den vierziger Jahren gefunden, war Bekker noch unbekannt. Sie trägt die Aufschrift: „Cod. 451 (olim Bessarioneus) in fol. membranaceus, foliorum 441, saec. circiter XIII." Konons Erzählungen beginnen Fol. 93. Der Text, welchen ich noch für die ersten 10 Geschichten prüfen konnte, stimmt in allen wesentlichen Punkten mit der Vulgata überein.

ΚΟΝΩΝΟΣ ΔΙΗΓΗΣΕΙΣ.

[Ἀνεγνώσθη βιβλιδάριον, Κόνωνος διηγήσεις. προσφωνεῖ μὲν τὸ ποιημάτιον Ἀρχελάῳ φιλοπάτορι βασιλεῖ, περιέχεται δ' αὐτῷ ἐκ πολλῶν ἀρχαίων συνειλεγμένα ἡ διηγήματα. ὧν]

I. Πρῶτον τὰ περὶ Μίδα καὶ Βριγῶν, ὅπως τε θησαυρῷ περιτυχὼν ἀθρόον τε εἰς πλοῦτον ἤρθη καὶ Ὀρφέως κατὰ Πιέρειαν τὸ ὄρος ἀκροατὴς γενόμενος πολλαῖς τέχναις Βριγῶν βασιλεύει. καὶ ὡς Σειληνὸς περὶ τὸ Βέρμιον ὄρος Μίδου βασιλεύοντος ὤρθη, ὑφ' ᾧ καὶ τὸ ἔθνος ᾤκει πολυανθρωπότατον 5 ὄν· καὶ ὡς ἤχθη τὸ ζῷον ἐξηλλαγμένον τὴν ἰδέαν ὡς ἐν ἀνθρώπου φύσει. καὶ ὅπως αὐτῷ χρυσὸς ἐγίνετο καὶ τὰ εἰς τροφὴν παρατιθέμενα ἅπαντα· καὶ ὡς διὰ τοῦτο πείσας τὸ ὑπήκοον ἀπ' Εὐρώπης διαβῆναι τὸν Ἑλλήσποντον ὑπὲρ Μυσίαν ᾤκισε, Φρύγας ἀντὶ Βριγῶν βραχύ τι παραλλαγείσης τῆς 10 λέξεως μετονομασθέντας. Μίδας δὲ πολλοὺς ἔχων ἀπαγγέλλοντας αὐτῷ τὰ ὅσα ἐλέγετό τε καὶ ἐπράττετο τοῖς ὑπηκόοις, καὶ διὰ τοῦτο ἐν τῷ ἀνεπιβουλεύτῳ τὴν βασιλείαν ἔχων καὶ εἰς γῆρας ἐλθὼν μακρὰ ὦτα ἔχειν ἐλέχθη, καὶ κατ' ὀλίγον ἡ φήμη, ὄνου ὦτα τὰ μακρὰ μετεποίει, καὶ ἀπὸ τοῦ σκῶψαι 15 τὴν ἀρχὴν ὁ λόγος ἔργον εἶναι ἐπιστεύθη.

II. Βυβλίς· δεύτερον τὰ περὶ Βυβλίδος, ὡς παῖς ἦν Μιλήτῳ * ἔχουσα ἐξ αὐτῆς ἀδελφὸν Καῦνον. ᾤκουν δὲ Μίλητον τῆς Ἀσίας, ἣν ὕστερον μὲν Ἴωνες καὶ οἱ ἀπ' Ἀθηνῶν μετὰ Νηλέως ὁρμηθέντες ᾤκησαν, τότε δ' ἐνέμοντο Κᾶρες, ἔθνος 20

Quas simpliciter adnotavi discrepantiae sunt codicis A (Marc. 450). A quo ubi discessi, nisi alia invenis adnotata, vulgatam sequor.
4. βρέμιον, Βέρμιον Westerm. ‖ 10. ὤκησεν, ᾤκισε Kanne ‖ 17. Βύβλις hic et infra ‖ 18. ἔχουσα (ουσα in rasura). Matris nomen excidit; Gutschmidius proposuit Μιλήτῳ ἐξ Ἀρείας, ἔχουσα ἀδ. K. ‖ 20. τότε δ' corr., fuerat τὸ δ'.

μέγα κωμηδὸν οἰκοῦντες. Καύνῳ δ' ἔρως ἐγείρεται ἀμήχανος
τῆς ἀδελφῆς Βυβλίδος· ὡς δ' ἀπετύγχανε πολλὰ κινήσας,
ἔξεισι τῆς γῆς ἐκείνης. καὶ ἀφανισθέντος μυρίῳ ἄχει κατεχο-
μένη ἡ Βυβλὶς ἐκλείπει καὶ αὐτὴ τὴν πατρῴαν οἰκίαν, καὶ
5   πολλὴν ἐρημίαν πλανηθεῖσα καὶ πρὸς τοὺς ἀτελεῖς ἱμέρους
ἀπαγορεύουσα, βρόχον τὴν ζώνην τινὸς καρύας καθάψασα
ἑαυτὴν ἀνήρτησεν· ἔνθα δὴ κλαιούσης αὐτῆς ἐρρύη τὰ δάκρυα
καὶ κρήνην ἀνῆκε, Βυβλίδα τοῖς ἐπιχωρίοις ὄνομα. Καῦνος
δὲ πλανώμενος εἰς Λυκίαν φθάνει, καὶ τούτῳ Προνόη (Ναὶς
10 δ' ἦν αὕτη) ἀναδῦσα τοῦ ποταμοῦ τά τε συνενεχθέντα τῇ
Βυβλίδι λέγει, ὡς ἐχρήσατο Ἔρωτι δικαστῇ, καὶ πείθει
αὐτὸν αὐτῇ ἐπὶ τῷ τῆς χώρας λαβεῖν τὴν βασιλείαν (καὶ γὰρ
εἰς αὐτὴν ἀνῆπτο) συνοικῆσαι. ὁ δὲ Καῦνος ἐκ τῆς Προνόης
τίκτει Αἰγιαλόν, ὃς καὶ παραλαβὼν τὴν βασιλείαν, ἐπεὶ ὁ
15 πατὴρ ἐτελεύτησεν, ἤθροισέ τε τὸν λαὸν σποράδην οἰκοῦντα
καὶ πόλιν ἔκτισεν ἐπὶ τῷ ποταμῷ μεγάλην καὶ εὐδαίμονα,
Καῦνον ἀπὸ τοῦ πατρὸς ἐπονομάσας.

III. Λοκρός· τρίτον, ἡ παρὰ τὸν Ἰόνιον πόντον Σχερία
νῆσος, οὐχ ἑκὰς οὖσα τῆς ἠπείρου καὶ τῶν Κεραυνίων ὀρῶν,
20 αὕτη Φαίακας ἔσχεν οἰκήτορας τὸ πρότερον, αὐτόχθονας,
ἔθνος λαχὸν τὴν ἐπωνυμίαν ἀπό τινος τῶν ἐπιχωρίων βασι-
λέως· ὕστερον δ' ἐπῴκησεν αὐτὴν μοῖρα Κορινθίων, καὶ τό
τε ὄνομα εἰς Κέρκυραν μετέβαλε καὶ τῆς περὶ ἐκεῖνα θαλάσσης ἦρξε. Φαιάκος δὲ τοῦ τῆς νήσου βασιλεύοντος τελευτή-
25 σαντος οἱ υἱεῖς Ἀλκίνους καὶ Λοκρὸς στασιάσαντες συνέβησαν
πάλιν ἐφ' ᾧ βασιλεύειν μὲν Ἀλκίνουν τῆς Φαιακίδος, Λοκρὸν
δὲ κειμήλια καὶ μοῖραν λαβόντα τοῦ ἔθνους ἀποικίζεσθαι τῆς
χώρας· ὃς καὶ ἐπὶ Ἰταλίας πλεύσας ξενίζεται παρὰ Λακίνῳ
Ἰταλῶν βασιλεῖ, δόντι πρὸς γάμον τὴν θυγατέρα Λαυρίνην.
30 διὰ ταῦτα μὲν ὡς συγγενεῖς Φαίακες Λοκροὺς τοὺς ἐν Ἰταλίᾳ
προσεποιοῦντο. ὁ δὲ Ἡρακλῆς κατ' ἐκεῖνο καιροῦ τὰς τοῦ
Γηρυόνου περικαλλεῖς * ὅσαι βόες οὔσας ἐξ Ἐρυθείας ἐλαύνων
εἰς Ἰταλίαν ἀφικνεῖται, καὶ ξενίζεται φιλοφρόνως παρὰ τῷ
Λοκρῷ· ὁ δὲ Λακῖνος πρὸς τὴν θυγατέρα ἐλθὼν καὶ τὰς βοῦς
35 ἰδὼν ἠράσθη τε καὶ ἤλαυνεν. ὅπερ ἀναμαθὼν Ἡρακλῆς

---

18. τρίτον om. || 22. ἐπῴκησεν pr. m., corr. ἐπῴκησαν || 28. Λακίνῳ cum
Dukero scripsi pro Λατίνῳ; vid. dissertat. || 30. συγγενῶν || 32. ὅσαι βόες]
βοῦς corr, fuisse videtur βόες; ante βοῦς rasura tanti fere spatii quanti
ὅσαι || 33. εἰς — φιλοφρόνως] ἧκε.

ἐκεῖνον τόξῳ βαλὼν ἀνεῖλε, τὰς δὲ βοῦς ἀνεκόμισε. Λοκρὸς
δὲ δεδιὼς περὶ τῷ Ἡρακλεῖ μή τι δεινὸν ὑπὸ Λακίνου πάθῃ
(ἦν γὰρ Λακῖνος σώματι γενναῖος καὶ ψυχῇ) ἐξελαύνει ἐπὶ
βοηθείᾳ τοῦ ξενισθέντος, ἀμειψάμενος καὶ στολήν. Ἡρακλῆς
δ᾿ ἰδὼν αὐτὸν θέοντα καὶ νομίσας τινὰ εἶναι ἄλλον πρὸς   5
ἐπικουρίαν σπεύδοντα Λακίνου, βαλὼν ἄτρακτον κτείνει. ὕστερον
δὲ μαθὼν ἀπωλοφύρετο μὲν καὶ τὰ ὅσια αὐτῷ ἐπετέλεσε·
καὶ μεταστὰς δ᾿ ἐξ ἀνθρώπων ἔχρησε, φάσματι φανεὶς τῷ
λαῷ, πόλιν οἰκίζειν ἐπ᾿ Ἰταλίας, ἐν ᾧ ἦν τὸ σῆμα τοῦ Λοκροῦ. καὶ διαμένει τῇ πόλει τοὔνομα τιμώσῃ τῇ κλήσει τὸν   10
Λοκρόν. [οὕτω μὲν καὶ ἡ τρίτη διήγησις. ἀλλὰ τί μοι δεῖ
μικροῦ μεταγράφειν ταύτας, δέον πολλῷ κεφαλαιωδέστερον
ἐπελθεῖν;]

IV. Ὄλυνθος· ἡ τοίνυν δ᾿ διήγησις τὰ περὶ Ὀλύνθου
τῆς πόλεως καὶ Στρυμόνος τοῦ Θρακῶν βασιλεύσαντος ἀπαγ- 15
γέλλει, οὗ καὶ ὁ πάλαι Ἠιονεὺς ποταμὸς ἐπώνυμος· καὶ ὅτι
παῖδες αὐτῷ τρεῖς γεγόνασι, Βράγγας καὶ Ῥῆσσος καὶ Ὄλυν-
θος· καὶ Ῥῆσσος μὲν ἐπὶ Τροίαν Πριάμῳ συστρατεύσας ἀναιρεῖται χειρὶ Διομήδους, Ὄλυνθος δὲ λέοντι συστὰς ἑκουσίως
ἔν τινι κυνηγεσίῳ θνήσκει· καὶ Βράγγας ὁ ἀδελφὸς πολλὰ   20
κατολοφυρόμενος τὴν συμφορὰν Ὄλυνθον ᾧπερ ἐτελεύτησε
τόπῳ θάπτει, εἰς Σιθονίαν δὲ ἀφικόμενος πόλιν ἔκτισεν εὐδαίμονα καὶ μεγάλην, Ὄλυνθον αὐτὴν ἀπὸ τοῦ παιδὸς ὀνομάσας.

V. Εὔνομος· ἡ πέμπτη τὰ περὶ ⟨Ἀρίστωνος τοῦ⟩
Ῥηγίνου καὶ Εὐνόμου τοῦ Λοκροῦ τῶν κιθαρῳδῶν τὴν ἱστο-   25
ρίαν ποιεῖται, καὶ ὡς εἰς Δελφοὺς ἀφίκοντο· καὶ ὅτι ποταμῷ
διοριζόμενοι Ῥηγῖνοί τε καὶ Λοκροὶ (Ἄλης ὄνομα τῷ ποταμῷ)
οἱ μὲν ἀφώνους, ἡ δὲ Λοκρὶς ᾄδοντας ἔχει τοὺς τέττιγας·
καὶ ὡς ἐρίζων Εὔνομος τῷ Ῥηγίνῳ τέττιγος ᾠδῇ κρατεῖ τοῦ
ἀνταγωνιστοῦ· ἑπταχόρδου γὰρ τότε τῆς ἁρμονίας οὔσης καὶ 30
μιᾶς ῥαγείσης τῶν χορδῶν, τέττιξ ἐπιπτὰς τῇ κιθάρᾳ τὸ
λεῖπον ἀνεπλήρωσε τῆς ᾠδῆς.

VI. Μόψος· ἡ ἕκτη ὡς Μόψος ὁ Μαντοῦς καὶ Ἀπόλλωνος τῆς μητρὸς τελευτησάσης ἐκδέχεται κλῆρον τὸ ἐν Κλάρῳ
Ἀπόλλωνος μαντεῖον. κατ᾿ ἐκεῖνο δὲ καιροῦ ἀφικνεῖται Κάλχας 35
εἰς Κολοφῶνα, ἐν ᾧ Μόψος ἔχων ἔγρα τὸ μαντεῖον, μετὰ

---

17. γέγονεν ‖ 24. Ἀρίστωνος τοῦ Ῥηγίνου Heyne ‖ 32. τῆς ᾠδῆς] pro-
pono τῇ ᾠδῇ. 33. μάντης A, Μάντους vulg. Μαντοῦς Heyne.

Τροίας πλανώμενος άλωσιν. ήριζον ούν επί πολύ άλλήλοις, και
Άμφίμαχος ό Λυκίων βασιλεύς λύει την εριν· επί πόλεμον
γάρ εξιόντα Μόψος μεν εκώλυεν ήτταν προαγγέλλων, Κάλχας
δε επέτρεπε νίκην σημαίνων, και ήττάται, και Μόψος μεν επί
5   μάλλον ετιμήθη, Κάλχας δ' εαυτόν διεχρήσατο.

VII. Θάμυρις· ή ζ' διηγείται ως Φιλάμμων παις Φιλω-
νίδος, η γέγονεν εξ Έωσφόρου και Κλεοβοίας εν Θορικώ της
Αττικής, ούτος ό Φιλάμμων υπερφυής το κάλλος εγένετο.
μία δε των νυμφών ερά του νεανίου και εγκύμων γίνεται.
10 αιδουμένη δ' απαίρει Πελοποννήσου και εις την Ακτήν παρα-
γενομένη τίκτει κούρον Θάμυριν, ός ηβήσας επί τοσούτον ήκε
κιθαρωδίας, ως και βασιλέα σφών, καίπερ επηλύτην όντα,
Σκύθας ποιήσασθαι. ερίσας δε και ταις Μούσαις υπέρ ωδής,
και άθλων τω νικήσαντι τεθέντων, εκείνω μεν τους Μουσών
15 γάμους, εκείναις δε ό έλοιτο των αυτού, εξεκόπη τους οφθαλ-
μούς ηττηθείς.

VIII. Κάνωβος ή Θεονόη· ή ογδόη διηγείται τα περί
Πρωτέως του Αιγυπτίου μάντεως, ου ή θυγάτηρ Θεονόη
ερασθείσα Κανώβου (ην δ' ούτος κυβερνήτης Μενελάου του
20 Ατρέως) αποτυγχάνει. και ως ό Κάνωβος καλός και
νέος απαίροντος Μενελάου απ' Αιγύπτου και Ελένης, και
προσορμισαμένων τη γη, υπό εχίδνης δηχθείς και σαπείς το
σκέλος μετ' ου πολύ θνήσκει· και Μενέλαος και Ελένη
θάπτουσιν αυτόν επ' Αιγύπτου, ου νυν επώνυμος ώκισται
25 πόλις. και των του Νείλου στομάτων το τελευταίον ό Κάνωβος ή Κανωβικόν εκ του κυβερνήτου την ονομασίαν έλκει.

IX. Σεμίραμις· ή εννάτη τα περί Σεμιράμεως λέγει και
Σεμίραμιν ούχι γυναίκα κατά τους άλλους φησί Νίνου γενέσθαι, αλλά μητέρα· και λόγω ενί όσα οι άλλοι περί Ατόσσης
30 της Ασσυρίου αναγράφουσι, ταύθ' ούτος εις Σεμίραμιν ανα-
φέρει, ούκ έχω λέγειν είτε δυσίν ονόμασι την αυτήν νομίζων
καλείσθαι, ή τα περί Σεμιράμεως άλλως ούκ ειδώς. λέγει
δ' ως ή Σεμίραμις αύτη τω υιώ λάθρα και αγνοούσα μιγείσα,
είτα γνούσα άνδρα εν τω φανερώ έσχε, και εξ εκείνου, πρό-

---

7. Θωρικώι || 20. τρώου A, τρωός vulg., Άτρέως Kanne || 22. και ως
όρμισαμένων || 29. μητέρα scripsi pro θυγατέρα; vid. diss. || 29. αττόσσης
(sic) || 31. νομίζαν.

τερον βδελυκτὸν ὄν, Μήδοις καὶ Πέρσαις καλὸν καὶ νόμιμον ἔδοξε μητράσι μίγνυσθαι.

X. Παλλήνη ἢ Κλῖτος· ἡ (δὲ ὡς Σίθων ὁ Ποσειδῶνος καὶ Ὄσσης, ὁ τῆς Θρᾳκίας χερρονήσου βασιλεύς, γεννᾷ θυγατέρα Παλλήνην ἐκ Μενδηίδος νύμφης· ἦν πολλῶν μνηστευομένων ἄθλον ἔκειτο τῷ μάχῃ κρατήσαντι Σίθωνος καὶ τὴν κόρην ἔχειν καὶ τὴν βασιλείαν. ἀναιρεῖται οὖν ὑπὲρ τοῦ γάμου διαθλῶν Μέροψ ὁ Ἀνθεμουσίας βασιλεὺς καὶ Περιφήτης ὁ Μυγδονίας. ἔπειτα Σίθων ὁρίζει μὴ πρὸς αὐτόν, ἀλλὰ πρὸς ἀλλήλους διαμάχεσθαι τοὺς μνηστῆρας, καὶ τῷ νικήσαντι τὸ αὐτὸ ἄθλον εἶναι. διαγωνίζεται τοίνυν Δρύας καὶ Κλῖτος, καὶ πίπτει Δρύας δόλῳ Παλλήνης. οὗ διαγνωσθέντος Σίθωνι ἔμελλε δίκην θάνατον Παλλήνη διδόναι, εἰ μὴ Ἀφροδίτη νυκτὸς ἐπιφοιτήσασα πᾶσι τοῖς πολίταις τὴν κόρην ἥρπασε θανάτου. καὶ τελευτήσαντος τοῦ πατρὸς Παλλήνη καὶ Κλῖτος τὴν βασιλείαν ἐκδέχονται, καὶ ἀπ' αὐτῆς ἡ χώρα Παλλήνη ἔλαβεν ὄνομα.

XI. Λίνδιοι ἢ ἀροτήρ· ἡ ιδ΄ τὰ περὶ τῆς Ἡρακλέους θυσίας, ἣν Λίνδιοι μετὰ ἀρᾶς θύουσιν αὐτῷ, διέξεισι. καὶ ὡς τὴν ἀρχὴν ἔσχεν ἀπό τινος ἀροτῆρος Λινδίου, ὅς, ἐπεὶ τροφὰς ᾔτει Ἡρακλῆς ὑπὲρ Ὕλλου τοῦ παιδός, ὃν κομιδῇ νέον κατὰ τὴν ὁδὸν συνεπήγετο, ἀντὶ τοῦ παρασχεῖν καὶ προσύβρισεν. Ἡρακλῆς δὲ χαλεπήνας ἕνα τῶν βοῶν κατασφάξας αὐτός τε θοινᾶται καὶ τῷ παιδὶ δίδωσιν· ἠρᾶτο δὲ πόρρωθεν ὁ ἀροτήρ. καὶ ὁ Ἡρακλῆς γέλωτι διδοὺς τὰς ἀρὰς οὐδέποτε ἀπεφθέγξατο θοίνης ἡδίονος ἀπολαῦσαι ἢ τῆς μετὰ τῶν ἀρῶν.

XII. Ἶλος· ἡ ιθ΄ τὰ περὶ Τρωὸς τοῦ Ἐριχθονίου τοῦ Δαρδάνου διαλαμβάνει, ὃς ἐβασίλευσε τῶν περὶ τὴν Ἴδην χωρίων, καὶ γεννᾷ ἐκ Καλιρρόης τῆς Σκαμάνδρου Ἶλον (ἐξ οὗ τὸ Ἴλιον) καὶ Ἀσάρακον καὶ Γανυμήδην, ὃν ἥρπασε Ζεύς. Ἀσάρακος δὲ σὺν τῷ πατρὶ Δαρδανίας ἐβασίλευσε, καὶ ἦν τοῦτο τῶν Τρώων βασίλειον. Ἶλος δέ, ὃς κτίζει τὸ Ἴλιον, κρατεῖ μάχῃ Βεβρύκων βασιλέως Βύζου ὄνομα, καὶ ἐπὶ μέγα τὸ Ἴλιον αἴρει.

---

2. μητράσι] marg.: οὐ τὰς μητέρας γαμοῦσιν, ἀλλὰ ταῖς μητρικαῖς μίγνυνται οἱ Πέρσαι ἕως τοῦ νῦν, ἀπέχουσι δὲ τῶν γεννησαμένων, ὡς λέγεται παρὰ τῶν εἰδότων τὰ κατ' αὐτούς ‖ 3. οἴθων hic et infra ; 8. διαθλεύων corr. ‖ 16. ἐκδέχεται ‖ 17. ἡρακλέως ‖ 26. Ἴλιος ‖ 28. καλλιρόης ‖ 30. δὲ om. ; 31. κρατεῖ] καὶ κρ.

XIII. Αἴθιλλα· ἡ δὲ ιγ' τὰ περὶ Αἰθίλλας διέξεισιν, ἥτις ἦν θυγάτηρ μὲν Λαομέδοντος, ἀδελφὴ δὲ Πριάμου. ταύτην Πρωτεσίλαος ἐξ Ἰλίου μετὰ καὶ ἄλλων νηυσὶν ἄγων αἰχμάλωτον εἰς τὸν μεταξὺ Μένδης καὶ Σκιώνης * μετὰ
5 πολλοὺς χειμῶνας μόλις ὁρμίζονται. καὶ πρὸς ὑδρείαν τῶν περὶ Πρωτεσίλαον ἁπάντων τοῦ αἰγιαλοῦ ἄνωθεν πρὸς τὴν χώραν ἀναδραμόντων, ἄλλα τε ἡ Αἴθιλλα ταῖς συναιχμαλώτισιν εἰποῦσα καὶ ὡς, εἰ ἀφίκοιντο σὺν τοῖς Ἕλλησιν εἰς τὴν Ἑλλάδα, χρυσὸς ἂν αὐταῖς δόξειε τὰ τῆς Τροίας κακά,
10 πείθει πῦρ ἐνεῖναι ταῖς ναυσί. καὶ καταμένουσι σὺν αὐταῖς ἐν τῇ χώρᾳ καὶ ἄκοντες οἱ Ἕλληνες, καὶ πόλιν κτίζουσι Σκιώνην καὶ συνοικίζουσιν.

XIV. Ἐνδυμίων· ἡ ιδ' τὰ περὶ Ἐνδυμίωνος ἱστορεῖ, ὅτι τε παῖς ἦν Ἀεθλίου τοῦ Διὸς καὶ Πρωτογενείας τῆς Δευκα-
15 λίωνος, καὶ ὡς δύο τέκοι παῖδας Εὐρυπύλην καὶ Αἰτωλόν, ὃς ἐκ Πελοποννήσου τὴν πατρῴαν λιπὼν ἀρχὴν εἰς τὴν ἀντιπέρα ταύτης γῆν μετὰ τῆς ἑπομένης μοίρας, Κουρῆτας ἐκβαλὼν ᾤκησε, καὶ ἀντὶ Κουρήτιδος Αἰτωλίδα καλεῖσθαι δίδωσιν. ὁ δ' Εὐρυπύλης καὶ Ποσειδῶνος παῖς Ἦλις τελευτήσαντος τοῦ
20 μητροπάτορος Ἐνδυμίωνος τὴν βασιλείαν ἐκδέχεται, καὶ τῇ κτισθείσῃ πόλει ὑπὸ Ἐνδυμίωνος Ἦλιν ἐπώνυμον ἔθετο.

XV. Φενεάτης· ἡ ιε' περὶ Φενεατῶν καὶ Δήμητρος καὶ Κόρης, ἣν Πλούτων ἁρπάσας καὶ λαθὼν τὴν μητέρα εἰς τὰ κάτω βασίλεια ἤγαγε· καὶ ὡς Φενεάταις μηνύσασι Δήμητρι
25 τὸ χωρίον, δι' οὗ ἡ κάθοδος (ἦν δέ τι χάσμα ἐν Κυλλήνῃ), ἄλλα τε ἀγαθὰ ἐχαρίσατο καὶ μηδέποτε ὑπεριδεῖν ἑκατὸν ἄνδρας Φενεατῶν ἐν πολέμῳ πεσεῖν.

XVI. Πρόμαχος ἢ Λευκοκόμας· ἡ ις' τὰ περὶ Προμάχου καὶ Λευκοκόμα τῶν Κνωσσίων (πόλις δὲ Κρήτης ἡ Κνωσσός)
30 διέξεισιν, ὡς ἤρα Πρόμαχος νεανίου καλοῦ τοῦ Λευκοκόμα, ὡς ἆθλα αὐτῷ μεγάλα προὔτεινε καὶ κινδύνων μεστά, ὡς πάντα ὑπέστη Πρόμαχος ἐλπίδι τοῦ τυχεῖν, ὡς οὐδ' οὕτω τυγχάνει, καὶ ἀντιλυπεῖ Λευκοκόμαν, τὸ τελευταῖον τῶν ἄθλων (κράνος δ' ἦν περιβόητον) ἑτέρῳ καλῷ νεανίᾳ ὁρῶντος περιθεὶς τοῦ Λευ-
35 κοκόμα· καὶ ὃς οὐκ ἐνεγκὼν τὴν ζηλοτυπίαν ξίφει ἑαυτὸν διεχρήσατο.

---

4. Σκιώνης κόλπον vel ὁρμον Kanne || 14. αἴθνου, Ἀεθλίου Kanne || 25. κυλήνη.

XVII. Συλεύς· ή, ιζ' ότι Δίκαιος και Συλεύς αδελφοί, Ποσειδώνος υιοί, περί το Πήλιον όρος της Θεσσαλίας ώκουν. και ην ο μεν δίκαιος, και ως ώνομάζετο, ούτω και ην. Συλέα δε ύβριστήν όντα Ηρακλής αναιρεί. ξενίζεται δ' υπό Δικαίου και ερά της Συλέως θυγατρός ιδών αυτήν παρ' αυτώ 5 τρεφομένην και εισάγεται γυναίκα. ή δε αποδημήσαντος Ηρακλέους τω περί αυτόν έρωτι και πόθω βαλλομένη θνήσκει· και επί προσφάτω τη κηδεία επανιών Ηρακλής έμελλεν αυτόν τη πυρά συγκατακαίειν, ει μη οι παρόντες λόγοις παρηγορούσι μόλις εκώλυσαν. και απελθόντος Ηρακλέους το 10 σήμα της κόρης οι πρόσοικοι περιεδείμαντο και αντί μνήματος ιερόν Ηρακλέους απέφηναν.

XVIII. Αυτολέων ή Στησίχορος· ή, ιη', Λοκροί μαχόμενοι, επεί συγγενής αυτοίς Αίας ην, εν τη παρατάξει χώραν κενήν εώσιν, ως δήθεν Αίας εν η παρατάττοιτο. παρατεταγ- 15 μένων ούν εν τη προς Κροτωνιάτας μάχη, Αυτολέων Κροτωνιάτης ηβουλήθη δια του διαλείποντος διεκπεσείν μέρους και κυκλώσασθαι τους πολεμίους· τρωθείς δ' υπό φάσματος τον μηρόν απετράπη, και εσφακέλιζεν, έως αν κατά χρησμόν εις την εν Πόντω Αχίλλειον νήσον (έστι δ' αύτη παραπλεύσαντι 20 τον Ίστρον υπέρ της Ταυρικής) εκείσε παραγεγονώς και τους τε άλλους ήρωας εκμειλιξάμενος, μάλιστα δε την Αίαντος του Λοκρού ψυχήν, ιάθη. κάκείθεν εξιόντα απαγγέλλειν αυτόν Στησιχόρω Ελένη κελεύει την εις αυτήν ήδειν, ει φιλεί τας όψεις, παλινωδίαν. Στησίχορος δ' αυτίκα ύμνους Ελένης 25 συντάττει και την όψιν ανακομίζεται.

XIX. Ψαμάθη ή Λίνος· ή, ιθ' ως Ψαμάθη η Κροτώπου εξ Απόλλωνος κύει και τεκούσα, επεί τον πατέρα εδεδοίκει, εκτίθεται, Λίνον ονομάσασα. και ο δεξάμενος ποιμήν ως ίδιον ανέτρεφε, καί ποτε οι της ποίμνης κύνες διέσπασαν αυτόν. ή 30 δε υπερπαθήσασα κατάφωρος γίνεται τω πατρί, και δικάζει αυτή θάνατον, πεπορνεύσθαι και καταψεύδεσθαι αυτήν Απόλλωνος οιηθείς. Απόλλων δε τω της ερωμένης φόνω χολωθείς λοιμώ κολάζει τους Αργείους. και χρωμένοις υπέρ απαλλαγής Ψαμάθην ανείλε και Λίνον ιλάσκεσθαι. οι δε τά τε 35

---

2. πήλειον ‖ 6. άγεται εις γυναίκα, εισαγ. γ. ego ‖ 7. ηρακλέως hic et infra ‖ 15. παραττάτοιτο ‖ 19. εσφακίλλιζεν ‖ 23. εξιών ‖ 27. ψαμήθη hic et infra ‖ 27. κροτόπου ‖ 31. τω] και τω ‖ 34. χραμένοις.

ἄλλα ἐτίμησαν αὐτοὺς καὶ γύναια ἅμα κόραις ἔπεμπον θρηνεῖν Λίνον· αἱ δὲ θρήνους ἀντιβολίαις μιγνῦσαι τάς τε ἐκείνων καὶ τὰς σφετέρας ἀνέκλαιον τύχας· καὶ οὕτως ἦν ἐκπρεπὴς ὁ ἐπὶ Λίνῳ θρῆνος, ὡς ἀπ᾽ ἐκείνων καὶ τοῖς ἔπειτα
5 ποιηταῖς παντὸς πάθους παρενθήκη Λίνος ᾄδεται. μῆνά τε ὠνόμασαν ἀρνεῖον, ὅτι ἀρνάσι Λίνος συνανετράφη· καὶ θυσίαν ἄγουσι καὶ ἑορτὴν ἀρνίδα, κτείνοντες ἐν ἐκείνῃ τῇ ἡμέρᾳ καὶ κυνῶν ὅσους ἂν εὕρωσι. καὶ οὐδ᾽ οὕτως ἐλώφα τὸ κακόν. ἕως Κόροιβος κατὰ χρησμὸν ἔλιπε τὸ Ἄργος καὶ κτίσας
10 πόλιν ἐν τῇ Μεγαρίδι καὶ Τριποδίσκιον ἐπικαλέσας κατῴκησεν.

XX. Θέοκλος ἢ Χαλκιδῆς· ἢ κ᾽ ὡς Θέοκλος ὁ Χαλκιδεὺς αἰχμάλωτος ὑπὸ Βισαλτῶν γεγονὼς (οἱ δὲ Βισάλται Θρᾳκικὸν ἔθνος, ἀντιπέρα Παλλήνης οἰκοῦντες) οὗτος Χαλκι-
15 δεῖς λάθρα μεταπεμψάμενος προδίδωσι Βισάλτας· καὶ αὐτοὶ πρῶτον μὲν τῷ αἰφνιδίῳ ἐτάραξαν Βισάλτας, εἶτα τευχήσεις ποιήσαντες βουκόλου δόλῳ αἰχμαλώτου παρ᾽ αὐτῶν γεγενημένου αἱροῦσι τὴν πόλιν, ἐκδιώξαντες τοὺς Βισάλτας. τὸν δὲ προδότην βουκόλον παραβάντες τὰς συνθήκας κτείνουσι, καὶ
20 μῆνις αὐτοῖς διὰ τοῦτο θεόθεν ἐνέσκηψε. καὶ κατὰ χρησμὸν τάφον περικαλλῆ χώσαντες τῷ βουκόλῳ καὶ ὡς ἥρωι θύοντες τοῦ κακοῦ ἀπηλλάγησαν.

XXI. Δάρδανος· ἡ κα᾽, Δάρδανος καὶ Ἰασίων παῖδες ἦσταν Διὸς ἐξ Ἠλέκτρας τῆς Ἀτλαντίδος, καὶ ᾤκουν Σαμο-
25 θρᾴκην τὴν νῆσον. ἀλλ᾽ ὁ μὲν Ἰασίων φάσμα Δήμητρος αἰσχῦναι βουληθεὶς ἐκεραυνώθη. Δάρδανος δὲ ἐπὶ τἀδελφῷ συγχυθεὶς εἰς τὴν ἀντιπέρα γῆν, ἐν ᾗ καὶ πεδιὰς πολλὴ καὶ τὸ ὄρος ἡ Ἴδη, σχεδίαις (πλοίων γὰρ χρῆσις οὐδέπω ἦν) διαβαίνει. εἶχε δὲ τὸ κράτος τότε τῆς χώρας ὁ Σκαμάνδρου
30 τοῦ ποταμοῦ καὶ νύμφης Τεῦκρος, ἐξ οὗ Τεῦκροί τε οἱ οἰκήτορες καὶ Τευκρία ἡ γῆ· ᾧ κατὰ λόγους συνελθὼν Δάρδανος λαμβάνει τὴν ἡμίσειαν, καὶ πόλιν, ἐν ᾧ τῆς σχεδίας ἀπέβη, κτίζει Δαρδανίαν. ὕστερον δὲ τελευτήσαντος Τεύκρου ἡ πᾶσα τῆς χώρας εἰς αὐτὸν ἀρχὴ περιῆλθεν.

---

6. ἀρ^απ ¨ 9. Κρότωπος, Κόροιβος Welcker ǁ 17. βουκόλῳ καὶ δόλῳ αἰχμαλώτῳ — γεγενημένῳ, corr. Kanne et Heyne | 18. αἱροῦσι ¨ 23. Ἰασων hic et infra, Ἰασίων Holsten., eadem corruptela e. c. Clem. Protrept. II 33
25. τὴν νῆσον] νῆσον.

XXII. Κρής· τ κς', μειρακίω Κρητὶ γέννημα δράκοντος ἐραστὴς δωρεῖται. ὁ δὲ ἔτρεφέ τε καὶ ἐπεμελεῖτο, ἕως ηὐξήθη καὶ φόβον ἐποίει ὁ δράκων τοῖς ἐπιχωρίοις· οὗτοι γὰρ τότε ἠνάγκασαν τὸ μειράκιον ἐκθεῖναι τὸ θηρίον ἐπὶ τῆς ἐρημίας, καὶ πολλὰ κλαίων ἐξέθετο. ὕστερον δ' ἐπὶ θήραν ἐξελθόντος 5
τοῦ μειρακίου καὶ λησταῖς περιπεσόντος, ἀνακαλουμένου τοὺς βοηθήσοντας, ἀναγνωρίσας ὁ δράκων τὴν φωνὴν τοὺς μὲν λῃστὰς διέφθειρεν ἑκάστῳ περιειληθείς, σημεῖα δὲ τῷ παιδὶ παλαιᾶς αἰσθήσεως ἐνδειξάμενος ἀπαλλάσσει τῆς ἐπιβουλῆς.

XXIII. Οἰνώνη. ἡ κγ', ὡς Ἀλεξάνδρου τοῦ Πάριδος καὶ 10
Οἰνώνης, ἣν ἐγήματο πρὶν ἢ τὴν Ἑλένην ἁρπάσαι, παῖς Κόρυθος γίνεται, κάλλει νικῶν τὸν πατέρα. τοῦτον ἡ μήτηρ
Ἑλένῃ προσέπεμψε, ζηλοτυπίαν τε κινοῦσα Ἀλεξάνδρῳ καὶ κακόν τι διαμηχανωμένη. Ἑλένῃ. ὡς δὲ συνήθης ὁ Κόρυθος πρὸς Ἑλένην ἐγένετο, Ἀλέξανδρός ποτε παρελθὼν εἰς τὸν 15
θάλαμον καὶ θεασάμενος τὸν Κόρυθον τῇ Ἑλένῃ παρεζόμενον καὶ ἀναφλεχθεὶς ἐξ ὑποψίας εὐθὺς ἀναιρεῖ. καὶ Οἰνώνη τῆς τε εἰς αὑτὴν ὕβρεως καὶ τῆς τοῦ παιδὸς ἀναιρέσεως πολλὰ Ἀλέξανδρον ἀρασαμένη, καὶ ἐπειποῦσα (καὶ γὰρ ἦν ἐπίπνους μαντείας καὶ τομῆς φαρμάκων ἐπιστήμων) ὡς τρωθείς ποτε 20
ὑπ' Ἀχαιῶν καὶ μὴ τυγχάνων θεραπείας δεήσεται αὐτῆς, οἴκαδε ᾔει. ὕστερον δ' Ἀλέξανδρος ἐν τῇ πρὸς Ἀχαιοὺς ὑπὲρ Τροίας μάχῃ τρωθεὶς ὑπὸ Φιλοκτήτου καὶ δεινῶς ἔχων δι' ἀπήνης ἐκομίζετο πρὸς τὴν Ἴδην, καὶ προεκπέμψας κήρυκα ἐδεῖτο Οἰνώνης· ἡ δὲ ὑβριστικῶς μάλα τὸν κήρυκα διωσαμένη 25
πρὸς Ἑλένην ἰέναι Ἀλέξανδρον ἐξωνείδιζε. καὶ Ἀλέξανδρος μὲν κατὰ τὴν ὁδὸν ὑπὸ τοῦ τραύματος τελευτᾷ, τὴν δὲ μήπω πεπυσμένην τὴν τελευτὴν μετάμελος ὅμως δεινὸς εἶχε, καὶ δρεψαμένη τῆς πόας ἔθει φθάσαι ἐπειγομένη. ὡς δ' ἔμαθε παρὰ τοῦ κήρυκος ὅτι τεθνήκοι καὶ ὅτι αὐτὴ αὐτὸν ἀνῄρηκεν, 30
ἐκεῖνον μὲν * τῆς ὕβρεως λίθῳ τὴν κεφαλὴν πατάξασα ἀναιρεῖ, τῷ δ' Ἀλεξάνδρου νεκρῷ περιχυθεῖσα καὶ πολλὰ τὸν κοινὸν ἀμφοῖν καταμεμψαμένη δαίμονα ἑαυτὴν ἀνήρτησε τῇ ζώνῃ.

XXIV. Νάρκισσος· ἡ κδ', ἐν Θεσπείᾳ τῆς Βοιωτίας (ἔστι δ' ἡ πόλις οὐχ ἑκὰς τοῦ Ἑλικῶνος) παῖς ἔφυ Νάρκισσος 35
πάνυ καλὸς καὶ ὑπερόπτης Ἔρωτός τε καὶ ἐραστῶν. καὶ οἱ

---

7. βοηθήσοντας ο alt. in ras. || 14. συνήθης] μυηθεὶς || 22. πρός] ὡς ?
31. verba corrupta; ἀντὶ τῆς ὕβ. vulg.

μὲν ἄλλοι τῶν ἐραστῶν ἐρῶντες ἀπηγόρευσαν, Ἀμεινίας δὲ πολὺς ἦν ἐπιμένων καὶ δεόμενος· ὡς δ' οὐ προσίετο, ἀλλὰ καὶ ξίφος προσέπεμψεν, ἑαυτὸν πρὸ τῶν θυρῶν Ναρκίσσου διαχειρίζεται, πολλὰ καθικετεύσας τιμωρὸν οἱ γενέσθαι τὸν
5 θεόν· ὁ δὲ Νάρκισσος ἰδὼν αὑτοῦ τὴν ὄψιν καὶ τὴν μορφὴν ἐπὶ κρήνης ἰνδαλλομένην τῷ ὕδατι, καὶ μόνος καὶ πρῶτος ἑαυτοῦ γίνεται ἄτοπος ἐραστής. τέλος ἀμηχανῶν καὶ δίκαια πάσχειν οἰηθεὶς ἀνθ' ὧν Ἀμεινίου ἐξύβρισε τοὺς ἔρωτας, ἑαυτὸν διαχρᾶται. καὶ ἐξ ἐκείνου Θεσπιεῖς μᾶλλον τιμᾶν καὶ
10 γεραίρειν τὸν Ἔρωτα καὶ πρὸς ταῖς κοιναῖς θεραπείαις καὶ ἰδίᾳ θύειν ἔγνωσαν. δοκοῦσι δ' οἱ ἐπιχώριοι τὸν νάρκισσον τὸ ἄνθος ἐξ ἐκείνης πρῶτον τῆς γῆς ἀνασχεῖν, εἰς ἣν ἐχύθη τὸ τοῦ Ναρκίσσου αἷμα.

XXV. Ἰάπυγες ἡ Βοττιαῖοι· ἡ κέ ὡς Μίνως Διὸς καὶ
15 Εὐρώπης, ὁ βασιλεύων Κρήτης, κατὰ ζήτησιν Δαιδάλου στόλῳ πλεύσας εἰς Σικανίαν (αὕτη δ' ἐστὶν ἡ νῦν Σικελία) ὑπὸ τῶν Κωκάλου θυγατέρων (ἐβασίλευε δ' οὗτος Σικελῶν) ἀναιρεῖται. καὶ τὸ Κρητικὸν πολεμεῖ Σικελοῖς ὑπὲρ τοῦ βασιλέως καὶ ἡττᾶται. καὶ ἐπανιόντες ὑπὸ χειμῶνος ἐξέπεσον εἰς Ἰάπυγας,
20 καὶ αὐτόθι τότε ἱδρύσαντο, ἀντὶ Κρητῶν γεγονότες Ἰάπυγες. χρόνῳ δὲ ὕστερον μοῖρά τις κατὰ στάσιν ἐκπεσόντες τῆς χώρας χρησμὸν ἔλαβον, ἔνθα ἄν τις αὐτοῖς γῆν καὶ ὕδωρ ὀρέξῃ, ἐνταῦθα οἰκίζεσθαι. καὶ ᾤκησαν τὴν Βοττιαίων· ἐκεῖ γὰρ παῖδες ἄρτων εἴδη καὶ ἄλλων ὄψων παίζοντες ἀπὸ πηλοῦ
25 καὶ πλάττοντες αἰτουμένοις ἐπέδωκαν αὐτοῖς ἀντὶ ἄρτων τοὺς πηλίνους ἄρτους· καὶ οἵ γε τὸν χρησμὸν τετελέσθαι νομίσαντες, ἠτήσαντο τὸν βασιλέα Μακεδόνων καὶ ἔλαβον οἰκεῖν τὴν Βοττιαίων, καὶ Βοττιαῖοι μὲν τρίτον γένος ἀπὸ Κρητῶν ἀμείψαντες μοῖρα νῦν εἰσι Μακεδόνων.

30 XXVI. Κάρνος ἢ Κόδρος· ἡ κς' διέξεισιν ὡς φάσμα Ἀπόλλωνος, ὄνομα Κάρνος, Δωριεῦσιν ἑπόμενον Ἱππότης τις τῶν ἀφ' Ἡρακλέους ἀναιρεῖ, ὅτε κατίεσαν εἰς Πελοπόννησον Ἡρακλεῖδαι. καὶ λοιμοῦ τούτοις προσπεσόντος χρησμὸν λαβόντες ἤλασαν τὸν Ἱππότην τοῦ στρατοπέδου. μάντις δ' ἦν
35 τὸ φάσμα τοῖς Δωριεῦσιν. Ἡρακλείδαις μὲν κάθοδος εἰς Πελοπόννησον ἐγένετο· ὁ δ' Ἱππότης ἀλώμενος τίκτει παῖδα,

---

1. ἀμινίας. ‖ 8. ἀμινίου ‖ 14. inter Μίνως et Διὸς rasura; fuit υἱὸς quod vulgo legitur ‖ 17. σικίων ‖ 33. καὶ χρησμὸν.

έκ τοῦ πράγματος Άλήτην καλέσας, ὅς ἀνδρωθεὶς καὶ μοῖραν τοῦ Δωρικοῦ συλλέξας καὶ Σισυφίδας ἐκβαλὼν Κορίνθου βασιλέας ὄντας καὶ τοὺς σὺν αὐτοῖς Ἴωνας, ἀνοικίζει τὴν πόλιν καὶ ἐπήει κατὰ τῆς Ἀττικῆς, ὅτε καὶ χρησμὸν λαμβάνει νικήσειν, εἰ ἀπόσχοιντο τοῦ βασιλέως Ἀθηναίων. καὶ τοῦ 5 χρησμοῦ γνωσθέντος Ἀθηναίοις πείθουσι Κόδρον ἑβδομηκοντούτην ὄντα ἑκόντα δοῦναι ἑαυτὸν ὑπὲρ τῆς πατρίδος· καὶ ἀμειψάμενος τὴν στολὴν ὡς εἷς τῶν ξυλοφόρων ὑφ᾽ ἑνὸς τῶν Δωριέων ἀναιρεῖται. καὶ γνόντες ὕστερον Δωριεῖς καὶ ἀπογνόντες τὴν νίκην ἐσπείσαντο Ἀθηναίοις. 10

XXVII. Δευκαλίων· ἡ κζ´ τὰ περὶ Δευκαλίωνος ἀπαγγέλλει, ὅς ἐβασίλευε τῆς Φθιώτιδος, καὶ τοῦ κατ᾽ αὐτὸν τῆς Ἑλλάδος κατακλυσμοῦ· καὶ περὶ Ἕλληνος τοῦ παιδὸς αὐτοῦ, ὅν ἔνιοι τοῦ Διὸς παῖδα εἶναί φασιν, ὅς καὶ διεδέξατο τὴν βασιλείαν τελευτήσαντος Δευκαλίωνος, καὶ τίκτει παῖδας τρεῖς. 15 ὧν Αἴολον μὲν τὸν πρῶτον βασιλεύειν ἐδικαίωσεν ἧς ἦρχε γῆς, Ἀσωπῷ καὶ Ἐνιπεῖ δυσὶ ποταμοῖς τὴν ἀρχὴν διορισάμενος, ἐξ οὗ τὸ Αἰολικὸν κατάγεται γένος· Δῶρος δ᾽ ὁ δεύτερος μοῖραν τοῦ λαοῦ λαβὼν παρὰ τοῦ πατρὸς ἀποικίζεται καὶ ὑπὸ Παρνασσὸν τὸ ὄρος κτίζει πόλεις Βοιόν, Κυτίνιον, Ἐρινεόν, ἐξ 20 οὗ Δωριεῖς· ὁ δὲ νεώτατος <Ξοῦθος> Ἀθήναζε ἀφικόμενος κτίζει τετράπολιν καλουμένην τῆς Ἀττικῆς καὶ γαμεῖ Κρέουσαν τὴν Ἐρεχθέως καὶ τίκτει ἐξ αὐτῆς Ἀχαιὸν καὶ Ἴωνα. καὶ ὁ μὲν Ἀχαιὸς ἀκούσιον φόνον ἐργασάμενος ἠλάθη, καὶ εἰς Πελοπόννησον ἐλθὼν Ἀχαΐαν κτίζει τετράπολιν, ἐξ οὗ Ἀχαιοί· 25 Ἴων δὲ θανόντος τοῦ μητροπάτορος διά τε τὴν ἀρετὴν καὶ τὴν ἄλλην ἀξίωσιν αἱρεθεὶς βασιλεύει Ἀθηναίων, ἐξ οὗ Ἴωνες οἵ τε Ἀθηναῖοι ἤρξαντο καλεῖσθαι καὶ τὸ ἄλλο πᾶν Ἰωνικόν.

XXVIII. Τέννης καὶ Ἡμιθέα· ἡ κη´, ὡς Τέννης καὶ Ἡμιθέα παῖδες ἤστην Κύκνῳ βασιλεῖ Τρωάδος, καὶ Κύκνος 30 ἀποθανούσης αὐτῷ τῆς γυναικὸς ἑτέραν ἐπεισάγεται· ἡ δ᾽ ἐπιμανεῖσα Τέννῃ καὶ μὴ τυγχάνουσα καταψεύδεται τοῦ παιδὸς τὰ ἑαυτῆς. καὶ ὁ πατὴρ ἀκρίτως εἰς λάρνακα Τέννην κατακλείει, ἀλλὰ καὶ τὴν Ἡμιθέαν περιαλγοῦσαν τἀδελφοῦ, καὶ ἀφίησι τῇ θαλάσσῃ. ἡ δὲ εἰς νῆσον ἐκφέρεται, καὶ οἱ ἐπιχώριοι 35 τὴν λάρνακα ἀνακομίζονται, καὶ τὸ κράτος τῆς γῆς ἐκείνης ἴσχουσι

---

11. ἀπαγγέλει ‖ 15. δευκαλλίωνος ‖ 15. παῖδας om. ‖ 21. <Ξοῦθος> addidi ‖ 36. ἀνίσχουσι.

Τέννης καὶ Ἡμιθέα, καὶ ἡ νῆσος Τένεδος ἀντὶ Λευκόφρυος ὠνομάσθη. ὁ δὲ Κύκνος μεταγνοὺς καὶ ὁρμισάμενος πρὸς τὴν νῆσον ἐδεῖτο τοῦ παιδὸς ἀπὸ τῆς νεὼς ἀμνηστίαν ἔχειν. ὁ δέ, ὡς μὴ ἐπιβαίη τῆς νήσου, πέλεκυν ἀράμενος τὰ πείσματα τῆς νεὼς διακόπτει. καὶ ἀπ' αὐτοῦ οἱ ἄνθρωποι ἐπὶ παντὸς ἀποτόμου πράγματος τὴν Τέννου πέλεκυν ἐπιλέγουσιν.

XXIX. Μάγνητες· ἡ κθ', ὡς Μάγνητες οἱ Μαγνησίαν τὴν ἐν Ἀσίᾳ νῦν οἰκοῦντες, τὸ πρότερον περὶ Πηνειὸν ποταμὸν καὶ τὸ Πήλιον ὄρος ᾤκησαν, καὶ συνεστράτευσαν Ἀχαιοῖς κατὰ Τροίας ἡγουμένου αὐτῶν Προθόου, καὶ ἐκαλοῦντο Μάγνητες. εἶτα δεκάτῃ Μαγνήτων ἀνακομιζομένων αὐτῶν ἀπὸ Τροίας οἰκίζει κατ' εὐχὰς εἰς Δελφούς. μετὰ χρόνον δὲ ἀναστάντες τοῦ ἱεροῦ καὶ κατιόντες ἐπὶ θάλασσαν ἐπεραιώθησαν εἰς Κρήτην. ὕστερον δὲ βιασθέντες ἀνέστησαν ἐκ Κρήτης καὶ πλεύσαντες εἰς τὴν Ἀσίαν ἐρρύοντο κακῶν νεόκτιστον οὖσαν τὴν Ἰωνίαν καὶ τὴν Αἰολίδα, συμμαχοῦντες αὐτοῖς κατὰ τῶν ἐπιτιθεμένων. ἐκεῖθεν ἀφικνοῦνται ἐν ᾧ νῦν εἰσι, καὶ κτίζουσι πόλιν, ἀπὸ τῆς κατὰ τὸ ἀρχαῖον πατρίδος Μαγνησίαν αὐτὴν ἐπικαλέσαντες.

XXX. Πειθήνιος· ἡ τριακοστὴ τὰ περὶ τοῦ Πειθηνίου τοῦ Ἀπολλωνιάτου, ὃς τὰ ἱερὰ Ἡλίου νέμων πρόβατα, ἐπεὶ αὐτῶν ξ' λύκοι διεσπάραξαν ἀμελήσαντος, τὰς ὄψεις ὑπὸ τῶν πολιτῶν ἐκκόπτεται. καὶ ἡ γῆ καρπὸν Ἀπολλωνιάταις μηνίσαντος αὐτοῖς τοῦ θεοῦ οὐκ ἐδίδου, ἕως τέχνῃ καὶ προαστείοις δυσὶν ἱλασάμενοι Πειθήνιον καὶ οἰκίᾳ μιᾷ, ὧν αὐτὸς ᾑρετίσατο, τὴν ἀκαρπίαν διέφυγον. τῶν ἐπιφανῶν δ' ἦν ὁ Πειθήνιος, καὶ ὅσοι ἄλλοι ἐκ διαδοχῆς τῶν ἱερῶν εἶχον προβάτων τὴν ἐπιμέλειαν. καὶ ἡ Ἀπολλωνία πόλις Ἑλλὰς ἐστὶν ἐν τῇ Ἰλλυριῶν γῇ, κεῖται δ' ἐπὶ τῆς θαλάσσης, καὶ ποταμὸς Ἄως διὰ μέσης αὐτῆς ῥέων εἰς τὸ Ἰόνιον ἐκβάλλει πέλαγος.

XXXI. Πρόκνη· ἡ λα', ὡς Τηρεύς, βασιλεὺς Θρᾳκῶν τῶν περὶ Δαυλίαν καὶ τὴν ἄλλην Φωκίδα, ἄγεται Πρόκνην γυναῖκα τὴν Πανδίονος βασιλεύοντος Ἀθηνῶν, καὶ ὡς ἐπεμάνη καὶ ἐμίγη ἀκούσῃ Φιλομήλᾳ τῇ ἀδελφῇ Πρόκνης, καὶ τέμνει τὴν αὐτῆς γλῶτταν, δεδιὼς τὸν ἐκ λόγων θρίαμβον· ἡ δὲ πέπλον ὑφαίνουσα γράφει τὰ πάθη τοῖς νήμασι. καὶ ἡ Πρόκνη μαθοῦσα

---

6. τὴν παροιμίαν marg. ‖ 15. ἐρύοντο ‖ 25. ὧν] ἦν corr. ‖ 29. Ἀῶος, Ἀῶος Kanne ‖ 35. θρίαμβον suspectum: vid. diss.

καὶ ἀμυνομένη παρατίθησιν αὐτῷ δεῖπνον τὰ αὐτοῦ γεννήματα.
ὁ δὲ Τηρεὺς, μαθὼν τοῦ δείπνου τὸ μύσος ὑπ' αὐτῆς Πρόκνης,
ἐδίωκεν αὐτήν τε καὶ τὴν ἀδελφὴν ὡς συνεργὸν ξίφει ἀνελεῖν.
τὰς δὲ μύθος λαβὼν ἐντεῦθεν Πρόκνην μὲν ἀηδόνα ποιεῖ,
Φιλομήλαν δὲ χελιδόνα· καὶ ᾄδουσι διὰ παντὸς τὰς τότε   5
συμφοράς. ἀλλὰ καὶ ὁ Τηρεὺς εἰς ἔποπα μετέστη τῷ μύθῳ.
καὶ οὐδ' ἐν ὄρνισιν αὐτοὺς φασι πεπαῦσθαι τῆς ὀργῆς, ἀλλ'
ἔποπες ἀεὶ ἀηδόνας καὶ χελιδόνας διώκουσιν.

XXXII. Εὐρώπη· ἡ λζ΄ τὰ περὶ Εὐρώπης τῆς τοῦ
Φοίνικος θυγατρὸς ἀφανοῦς γεγενημένης, καὶ ὡς πέμψειε τοὺς   10
υἱεῖς ὁ πατὴρ κατὰ ζήτησιν τῆς ἀδελφῆς, ὧν ἦν καὶ Κάδμος,
μεθ' οὗ συναπαίρει καὶ Πρωτεὺς ἐξ Αἰγύπτου τὴν Βουσίριδος
δεδιὼς βασιλείαν. καὶ ὡς κατὰ πολλὴν πλάνην μηδὲν εὑρόντες
κατέσχον εἰς Παλλήνην, καὶ ὡς Πρωτεὺς ξένια δοὺς Κλίτῳ
καὶ λαβὼν φιλίαν (βασιλεὺς δ' ἦν ὁ Κλῖτος σώφρων καὶ δίκαιος   15
Σιθόνων Θρᾳκίου ἔθνους) ἄγεται [Πρωτεὺς] γυναῖκα τὴν
θυγατέρα Χρυσονόην. καὶ Βισαλτῶν ἀπελαθέντων τῆς οἰκείας
γῆς τῷ πρὸς αὐτοὺς πολέμῳ, ὃν ἐπολέμησε Κλῖτος καὶ
Πρωτεὺς, βασιλεύει τῆς χώρας Πρωτεὺς καὶ τίκτει παῖδας
οὐχ ὁμοίους αὐτῷ, ἀλλ' ὠμοὺς καὶ παρανόμους, οὓς Ἡρακλῆς   20
μισοπόνηρος ὢν ἀναιρεῖ. καὶ αὐτοῖς μὲν ὁ πατὴρ χῶμα ἔχωσεν,
Ἡρακλέα δὲ (ἦν γὰρ ἐναγής) καθῆρε τοῦ φόνου.

XXXIII. Σμίκρος ἢ Βραγχίδαι· ἡ λη΄, ὡς Δημοκλῆς ὁ
Δελφὸς γεννᾷ παῖδα ἐκπρεπῆ Σμίκρον ὄνομα· καὶ ὡς πλεῖ
κατὰ χρησμὸν ἐπὶ Μιλήτου, ἔχων μεθ' ἑαυτοῦ καὶ τὸν παῖδα   25
ἐν ἡλικίᾳ· καὶ ὡς καταλιμπάνει τοῦτον σπουδῇ τοῦ ἐκπλεῦσαι
καὶ ἀγνοίᾳ, τρισκαιδέκατον ἔχοντα ἔτος· καὶ ὡς παῖς Ἐρι-
θάρσου αἰπόλος καταλαμβάνει τὸν Σμίκρον ἀθυμοῦντα καὶ
ἄγει πρὸς τὸν πατέρα· καὶ ὁ Ἐριθάρσης οὐκ ἔλαττον τοῦ
ἰδίου παιδὸς, μαθὼν τὰς τύχας καὶ τὸ γένος τοῦ Σμίκρου,   30
τοῦτον περιεῖπε. καὶ περὶ τοῦ κύκνου τοῦ συλληφθέντος ἄμφω
τοῖς παισὶ καὶ τῆς ἔριδος καὶ τοῦ τῆς Λευκοθέας φάσματος,
ὡς εἴποι τε τοῖς παισὶ πρὸς Μιλησίους φάναι τιμᾶν αὐτὴν καὶ
παίδων ἀγῶνα γυμνικὸν τελεῖν αὐτῇ· ἡσθῆναι γὰρ αὐτὴν τῇ
ἔριδι τῶν παίδων. καὶ ὡς ὁ Σμίκρος τινος τῶν ἐν Μιλησίοις   35
ἐνδόξων θυγατέρα γαμεῖ, καὶ αὐτὴ τίκτουσα ὁρᾷ ὄψιν τὸν

---

6. μετίστη ego pro ἔπτη ‖ 16. Πρωτεὺς uncis circumscripsi   23.
Σμικρὸς hic et infra   30. τὸ om.

2

ήλιον αυτή διά του στόματος εισδύντα διά της γαστρός και
των αιδοίων διεξελθεΐν· και ην τό όραμα τοις μάντεσιν αγαθόν,
και έτεκε κόρον, Βράγχον άπό του ονείρου καλέσασα, ότι ό
ήλιος αυτής διά του βράγχου διεξήλθε. και ην ό παις κάλ-
5 λιστος άνθρώπων, και αυτόν έφίλησεν έρασθείς Απόλλων,
εύρών ποιμαίνοντα ένθα βωμός Απόλλωνος φιλησίου ίδρυται.
ό δε Βράγχος έξ Απόλλωνος έπίπνους μαντικής γεγονώς έν
Διδύμοις τω χωρίω έχρα. και μέχρι νυν χρηστηρίων Ελληνι-
κών ών ίσμεν μετά Δελφούς κράτιστον όμολογεΐται τό των
10 Βραγχιδών.

XXXIV. Διομήδειος ανάγκη· ή λδ', ώς μετά τελευτήν
Αλεξάνδρου του Πάριδος οι Πριάμου παίδες Έλενος και
Δηίφοβος ήριζον υπέρ των Ελένης γάμων, και κρατεί βία και
θεραπεία των δυνατών Δηίφοβος, νεώτερος ών Ελένου. Έλενος
15 δε την ύβριν ού φέρων εις την Ιδην αποχωρήσας ήσύχαζε. και
κατά συμβουλάς Κάλχαντος οι πολιορκούντες Τροίαν Έλληνες
λόχω τόν Έλενον συλλαμβάνουσι· και τά μεν άπειλαΐς, τά δέ δώ-
ροις, πλέον δέ τη πρός Τρώας οργή αποκαλύπτει αύτοΐς Έλενος,
ώς ξυλίνω ϊππω πεπρωμένον εστίν Ίλιον άλώναι, και τό τε-
20 λευταΐον, επειδάν Αχαιοί λάβωσι τό διοπετές Αθηνάς Παλλάδιον, πολλών όντων τό σμικρότατον. στέλλονται ούν έπί
τή κλοπή του Παλλαδίου Διομήδης και Οδυσσεύς, και άνα-
βαίνει έπί του τείχους Διομήδης, έπιβάς των ώμων Οδυσ-
σέως· ό δε ούκ ανελκύσας Οδυσσέα, καίτοι τάς χείρας όρέ-
25 γοντα, ήει έπί τό Παλλάδιον και άφελόμενος αυτό πρός
Οδυσσέα έχων υπέστρεφε, και διά του πεδίου κατιόντων
πυνθανομένω έκαστα τω Οδυσσεΐ Διομήδης, τό δόλιον τάν-
δρός είδώς, ούχ όπερ έφησεν Έλενος Παλλάδιον λαβείν αυτόν,
αλλ' άντ' εκείνου έτερον, αποκρίνεται. κινηθέντος δε του
30 Παλλαδίου κατά τινα δαίμονα, γνούς Οδυσσεύς αυτό έκεΐνο
είναι και κατόπιν γεγονώς σπάται τό ξίφος, εκείνον μεν
άνελείν βουληθείς, αυτός δ' Αχαιοΐς τό Παλλάδιον κομίζειν.
και αυτού μέλλοντος πληγήν έμβαλεΐν (ήν γάρ σελήνη) ορά
Διομήδης τήν αύγήν του ξίφους, Οδυσσεύς δ' άναιρεΐν μέν
35 άπέσχετο άντισπασαμένου κάκείνου ξίφος, δειλίαν δ' όνειδίσας
πλατεΐ τω ξίφει ούκ έθέλοντα προιέναι τύπτων τά νώτα

---

6. φιλίου. φιλησίου Knaack coll. Varr. ap. Lact. Plac. ad Stat Theb.
VIII 198 ‖ 32. αυτός] αυτόν.

ήλαυνεν. εξ ου ή παροιμία „ή Διομήδειος ανάγκη" επί παντός
ακουσίου λεγομένη.

XXXV. Άπόλλων Γυπαιεύς· ή λέ δύο ποιμένας υπό
Λυσσόν τό όρος της Έρεσίας γης εισάγει νέμοντας, οί μελισ-
σών εσμόν έν τινι βαθεί και δυσκαθόδω θεασάμενοι σπηλαίω, 5
ο μέν είς φορμίδα κατιέναι ενέβη. ο δέ καθίει καλώ αρτη-
σάμενος. ο κατελθών δέ και τό μέλι και χρυσόν πολύν ευρών
και τη φορμίδι έως τρίς έμβαλών ανιμάν εκέλευσεν, επιλείψαν-
τος δέ τού χρυσού εαυτόν εμβαίνειν λοιπόν προσαρούσας, επεί
επιβουλής έννοια αυτώ άμα τώ ρήματι συνειστήκει, λίθον ανθ' 10
αυτού τη φορμίδι βαλών εκέλευσεν ανιμάν. ώς δ' εγγύς της
στεφάνης ο ανιμών απηγωρήσατο, αυτίκα ως διαφθερών τόν
έτερον αφίησι κατά της φάραγγος. καί τό χρυσίον κατορύξας
πιθανάς υπέρ τού αφανούς ποιμένος επλάττετο τοίς πυνθανο-
μένοις τάς προφάσεις. ώς δ' ήν άπορα πανταχόθεν τώ εν 15
τώ σπηλαίω ποιμένι τά της σωτηρίας, Απόλλων κατ' όναρ
κελεύει οξεί λίθω τό σώμα αμύξαντα κείσθαι ηρέμα. τού
δέ πράξαντος τό προσταχθέν γύπες ως επί νεκρόν εφιπτάμενοι
καί τούς όνυχας οί μέν είς τήν χαίτην, οί δ' είς τήν εσθήτα
πηξάμενοι εκούφιζον καί κατέφερον αυτόν κακών απαθή επί 20
τόν υπερκείμενον αυλώνα. ελθών δ' επί τό αρχείον άπαντα
φράζει. καί τόν μέν επιβουλεύσαντα οί Έρέσιοι ελεγχθέντα
καί τόν χρυσόν κατορωρυγμένον καί άκοντα επιδείξαντα τιμω-
ρούνται, τώ δ' ήδικημένω τήν ημίσειαν τού χρυσίου νείμαντες
τήν ετέραν ημίσειαν ιεράν απέφηναν Αρτέμιδι καί Απόλλωνι. 25
ο δέ διασωθείς καί τώ χρυσίω τιμηθείς ποιμήν τών τε πάνυ
πλουσίων εγένετο, καί βωμόν επ' άκρας της κορυφής τού όρους
Απόλλωνος είσατο, γυπαιέως είς μνημείον τών συνενεχθέντων
ονομάσας.

XXXVI. Γόρτυνα· ή λς', ώς Φιλόνομος ο Σπαρτιάτης 30
προδούς Λακεδαίμονα Δωριεύσι δώρον έχει Αμύκλας, καί
συνοικίζει ταύτην εξ Ίμβρου καί Λήμνου. τρίτη δέ γενεά
στασιάσαντες πρός Δωριέας μετανίστανται Αμυκλών, συμπαρα-
λαβόντες δέ καί τινας Σπαρτιατών, ηγουμένων αυτοίς Πόλι-

---

6. ο μέν] όμως ο μέν [. 8. εμβάλλων ; εκέλευεν || 10. αντ' αυτού || 11.
εκέλευεν || 12. απαιωρήσατο || 13. εταίρον corr. ¦ τινος φάραγγος, τής φ. Kanne ||
16. κατ' om. [21. υποκείμενον, υπερκείμ. ego   28. είσατο] ιδρύσατο (?) manu
rec. corr.

δος καὶ Δελφοῦ, ἔπλεον ἐπὶ τῆς Κρήτης. ἐν τῷ παράπλῳ δὲ
τοῦδε τοῦ στόλου Μῆλον ἀποδασμὸς οἰκίζει καὶ τὸ τῶν Μη
λιέων γένος ἐνθένδε οἰκειοῦται Σπαρτιάτας. οἱ δὲ λοιποὶ
ἅπαντες Γόρτυναν μηδενὸς εἴργοντος λαβόντες ταύτην ἅμα τῶν
5 περιοίκων Κρητῶν συνοικίζουσιν.
    XXXVII. Κάδμος· ἡ λζ´, ὡς ἀπὸ Θάσου τοῦ Κάδμου
ἀδελφοῦ Θάσος ἡ νῆσος ὠνομάσθη· ἐκεῖ γὰρ αὐτὸν ὁ ἀδελφὸς δοὺς τοῦ στρατοῦ μοῖραν ἀπολείπει. καὶ ὡς Κάδμος
ὑπὸ τοῦ Φοινίκων βασιλέως, μέγα καὶ αὐτὸς δυνάμενος παρὰ
10 Φοίνιξιν, ἐπὶ τὴν Εὐρώπην σταλείη. οἱ δὲ Φοίνικες τότε μέγα τε,
ὡς λόγος, ἴσχυον καὶ πολλὴν τῆς Ἀσίας καταστρεψάμενοι τὸ
βασίλειον ἐν Θήβαις ταῖς Αἰγυπτίαις εἶχον. σταλῆναι δὲ Κάδ-
μον οὐχ ὡς Ἕλληνές φασι κατὰ ζήτησιν Εὐρώπης, ἣν παῖδα
Φοίνικος οὖσαν ἥρπασε Ζεὺς ἐν σχήματι ταύρου, ἀλλ' ἀρχὴν
15 μὲν ἰδίαν ἐν Εὐρώπῃ μηχανώμενον πλάττεσθαι ἀδελφῆς
ἡρπασμένης ποιεῖσθαι ζήτησιν, ἐξ οὗ καὶ ὁ τῆς Εὐρώπης μῦθος ἥκεν εἰς Ἕλληνας. περιπλέων δὲ τὴν Εὐρώπην τὸν μὲν
ἀδελφὸν Θάσον, ὡς εἴρηται, τῇ νήσῳ λείπει, αὐτὸς δ' εἰς
Βοιωτίαν πλεύσας ἄνεισι πρὸς τὰς νῦν καλουμένας Θήβας, καὶ
20 σὺν τῇ δυνάμει περιτειχίσας τὸ χωρίον Θήβας ἀπὸ τῆς οἰκείας
ἐπωνόμασε πατρίδος. τῶν δὲ Βοιωτῶν εἰς μάχην αὐτοῖς
συμπλακέντων ἡττῶνται Φοίνικες, εἶτα κρατοῦσιν ἐνέδραις καὶ
προλογισμοῖς καὶ τῇ ἀήθει τῶν ὅπλων ὄψει. κράνος γὰρ καὶ
ἀσπὶς οὔπω τοῖς Ἕλλησιν ἔγνωστο. καὶ κρατεῖ Κάδμος τῆς
25 Βοιωτῶν γῆς, καὶ φυγόντων τῶν διασωθέντων ἐπὶ τὰς
οἰκείας πόλεις οἰκίζει Φοίνικας ἐν Θήβαις καὶ τὴν Ἄρεως καὶ
Ἀφροδίτης Ἀρμονίαν γαμεῖ. Βοιωτοῖς δὲ πρὸς τὴν ἔκπληξιν
τῶν ὅπλων καὶ τῶν προλογισμῶν καὶ τῆς ἐνέδρας δόξα πα-
ρέστη αὐτοῖς ὅπλοις ἀνεῖναι τῆς γῆς τοὺς ἄνδρας, καὶ σπαρ-
30 τοὺς ὡς ἐκ τοῦ χωρίου φύντας αὐτοὺς ἐκάλεσαν. περὶ μὲν
Κάδμου καὶ Θηβῶν οἰκίσεως οὗτος ὁ ἀληθὴς λόγος, τὸ δ'
ἄλλο μῦθος καὶ γοητεία ἀκοῆς.
    XXXVIII. Μιλήσιος ἡ παρακαταθήκη· ἡ λη´, ὡς Μιλή-
σιός τις ἀνήρ, τῆς πατρίδος αὐτῷ ὑπὸ Ἁρπάγου τοῦ Κύρου ἐν
35 κινδύνῳ οὔσης, εἰς τὸ ἐν Σικελίᾳ Ταυρομένιον ἀπαίρει, κἀκεῖ
φίλῳ τινὶ τραπεζίτῃ παραθέμενος τὸ χρυσίον οἴκαδ' ἔπλει.
εἶτα δεδούλωτο μὲν Μίλητος Κύρῳ, δεινὸν δ' οὐδὲν ἄλλο ὢν

---

1. de nomine Δελφὸς vid. diss. 3. ἐνθάδε, ἐνθένδε Heyne 31. οἰκί?ω?ς

ύφεωράτο έπεπόνθει· και ό Μιλήσιος ήκεν εις Ταυρομένιον
άνακομισόμενος τήν παρακαταθήκην. ό δε λαβών ώμολόγει
μεν λαβείν, διετείνετο δ' άποδεδωκέναι. ώς δε μετά πολλήν
εριν και λογομαχίαν ό Μιλήσιος εις όρκον τον άδικοΰντα
προϋκαλείτο, ό τραπεζίτης μηχανάται τοιόνδε. νάρθηκα κοι- 5
λάνας καθάπερ αύλόν και συντήξας τήν παραθήκην τω νάρθηκι έγχεί και ασφαλίζεται· επί δε τον όρκον ιών, κατέχων
ώς βακτηρίαν προφάσει ποδών ασθενείας, τω νάρθηκι επηρεί-
δετο· μέλλων δ' όμνύειν πλησίον έστώτι τω Μιλησίω, ώς
αύτίκα πάλιν άναληψόμενος τον νάρθηκα έπιδίδωσιν. ώς δε 10
τας χείρας άνασχών κατώμνυτο τήν παραθήκην άποδοΰναι
τω παραθεμένω, περιπαθήσας ό Μιλήσιος ρίπτει τον νάρθηκα,
έρρειν άμα άνακραγών τήν έν άνθρώποις πίστιν. και ό νάρθηξ
έρρήγνυτο, και περιφανές ήν προς τήν όψιν του χρυσίου το
σοφισμα τής ψευδορκίας. και ό μεν Μιλήσιος το ίδιον είχεν, 15
ό δε τραπεζίτης ύπ' αίδους και του κακίζεσθαι προς απάντων
βρόχω του ζην έαυτόν εξάγει.

XXXIX. Μέλανθος· ή λθ'· Μέλανθος γένος μεν ήν τών
Νηλειδών, οί Πύλου και Μεσσήνης άπό Ποσειδώνος έβασί-
λευον. τούτον άναστήσαντες Ήρακλείδαι πολέμω τήν γην 20
έσχον. ό δε κατά χρησμούς Αθήναζε άφικνείται, και πολίτης
γίνεται και ήν τών τιμωμένων. Άθηναίοις δε και Βοιωτοίς
πόλεμος υπέρ Οίνόης συνίστατο, και έδόκει έν τη τών βασι-
λέων μονομαχία τήν κρίσιν είναι. Θυμοίτης μεν οΰν βασιλεύων Αθηναίων έδεδοίκει τον αγώνα, και έξίστατο της 25
βασιλείας τω βουλομένω διακινδυνεύσαι προς Ξάνθον, ός έβα-
σίλευσε Βοιωτών. και Μέλανθος έπ' άθλω της βασιλείας
υπέρχεται τον αγώνα, και προβαίνουσιν οί συνθήκαι. έπεί δ'
εις μάχην ήκον, καθορά ό Μέλανθος φάσμα τι τω Ξάνθω
άνδρα επόμενον άγένειον. ώς δ' άνεβόησε μή δίκαια ποιείν 30
παρά τας συνθήκας έπαγόμενον βοηθόν, μετεστράφη ό Ξάν-
θος προς το άπιστον του λόγου έκπλαγείς· και αυτόν ευθύς
ό Μέλανθος τω δόρατι βαλών κτείνει, και τήν τε Οίνόην
Άθηναίοις και έαυτώ τήν βασιλείαν ενί περιεποιήσατο άγω-
νίσματι. το μεν δή τών Έρεχθειδών γένος εις τους Μελανθί- 35
δας, ών ήν και Κόδρος, άπό τούτου μετέστη· Αθηναίοι δ'

---

6. τω] τή ‖ 9. μέλλων c:rr. ‖ 19. ήλίδων. corr. Hoeschel et Leichius ‖
31. έπαγόμενος ‖ 35. έρεχθιδών, vulg. έρεχθούντων.

ύστερον Διονύσω μελαναίγιδι κατά χρησμον ιερόν ίδρυσάμενοι
θύουσιν άνα παν έτος, και τω άπατουρίω Διί ιερά άνάπτοντες,
ότι αύτοΐς έκ της άπατης άγώνισμα έγένετο.

XL. Άνδρομέδα· ή μ' ιστορία τα περί Άνδρομέδας
5 ιστορεί έτέρως ή ώς ό Ελλήνων μύθος, αδελφούς μεν γαρ
δύο γενέσθαι Κηφέα και Φινέα, και είναι την του Κηφέως
βασιλείαν τότε έν τη μετονομασθείση μεν ύστερον Φοινίκη,
τηνικαύτα δ' Ίόππα άπο Ίόππης της έπιθαλασσιδίου πόλεως
τουνομα λαβούση· και ήν τα της αρχής όρια άπο της καθ'
10 ημάς θαλάσσης μέχρι Αράβων των προς την έρυθραν θάλασσαν ώκημένων. είναι δέ τω Κηφεί και θυγατέρα πάνυ καλήν
Άνδρομέδαν, και αύτην μνασθαι Φοινικά τε και τον αδελφόν
Κηφέως Φινέα. Κηφεύς δε μετά πολλούς τους έφ' έκατέρω
λογισμούς έγνω δούναι μεν Φοίνικι, αρπαγή δε του μνηστήρος
15 το αύτού έκούσιν άποκρύπτειν· και αρπάζεται άπό τίνος
νησίδος έρήμου ή Άνδρομέδα, έν ω είώθει άπιούσα θυσίας τη
Αφροδίτη θύειν. Φοίνικος δ' άρπάσαντος νηί (κήτος δ' αύτη
έκαλείτο, ή μίμησιν έχουσα του ζώου ή και κατά τύχην) ή
Ανδρομέδα, ώς κατά άγνοιαν του πατρός αρπαζόμενη, άνωλο-
20 φύρατό τε και μετ' οίμωγής τους βοηθήσοντας άνεκαλείτο·
Περσεύς δ' ό Δανάης κατά δαίμονα παραπλέων κατίσχει, και
προς την πρώτην όψιν της κόρης οίκτω και έρωτι συσχεθείς
τό τε πλοίον, το κήτος, διαφθείρει και τους έμπλέοντας ύπό
έκπλήξεως μόνον ούχι λιθωθέντας άναιρεί. και τούτο Έλλησι
25 το του μύθου κήτος και οί παγέντες εις λίθους άνθρωποι της
Γοργόνος τη κεφαλή άγεται δ' ούν γυναίκα την Άνδρομέδαν,
και οίχεται αύτη συμπλέουσα εις την Ελλάδα τω Περσεί,
και βασιλεύοντος το Άργος οικείται.

XLI. Πελασγίδες· ή μα', ώς Αντανδρον ώκησαν Πε-
30 λασγοί, άλλ' ώς μεν ένιοί φασι, δόντος αύτοίς Άσκανίω
λύτρον άνθ' αύτού, έπεί ένέδρα συνελήφθη ύπ' αύτων, και
άπολυθέντος· διο και Άντανδρος, ότι άντί ενός ανδρός έλαβον
πόλιν. ό δ' Ασκάνιος υιός μεν ήν Αινείου, μετά δε Τροίας
άλωσιν έβασίλευσεν Ίδης. οί δέ φασιν εντεύθεν οικήσαι
35 Πελασγούς Αντανδρον. Απόλλωνος και Κρεούσης Άνιος γίνεται παίς, του δε Άνδρος, ός μίαν οίκήσας των νήσων το

---

1. μελανθίδι, μελαναίηδι scripsi auctore Knaackio || 5. ή] ή και || 8.
όπ'] ο άπο || Ρ. λαβούσης || 18. και om. || 29. ώκισαν || 31. άντ' αύτού.

ὄνομα λείπει τῇ νήσῳ, κατὰ στάσιν δ' ἐκεῖθεν ἐκπεσών,
καὶ χωρίον ἰδὼν ὑπὸ τὴν Ἴδην παραπλήσιον Ἀνδρῳ, πολίζει
τὸ χωρίον καὶ Ἀντανδρον πρὸς τὴν ὁμοιότητα ὀνομάζει. τὴν
δ' Ἄνδρον ἔρημον οὖσαν λαὸς Πελασγῶν ἐσῳκίσατο. καὶ ἡ
Κύζικος δὲ Πελασγοὺς ἔσχεν οἰκήτορας· καὶ γὰρ Κύζικος ὁ   5
Ἀπόλλωνος, Πελασγῶν τῶν ἐν Θεσσαλίᾳ βασιλεύων, ὑπὸ
Αἰολέων μετὰ Πελασγῶν ἐκπεσὼν τὴν χερρόνησον τῆς Ἀσίας
πολίζει, δοὺς αὐτῇ καὶ τοὔνομα. καὶ ηὐξήθη ἐκ ταπεινῆς
Κυζίκῳ εἰς μέγα ἡ ἀρχή, ἀφ' οὗ Κλείτην τὴν Μέροπος, ὃς
τῶν περὶ Ῥύνδακον χωρίων ἐβασίλευε, γυναῖκα ἠγάγετο. οἱ   10
δὲ μετὰ Ἰάσονος ἐπὶ τὸ δέρας ἰόντες κατίσχουσι πρὸς τὴν
Κύζικον τῇ Ἀργοῖ, καὶ μαθόντες οἱ Πελασγοὶ Θεσσαλίδα τὴν
ναῦν κατὰ μῆνιν τῆς ἐκβολῆς νυκτὸς ἐμάχοντο τῇ Ἀργοῖ.
Κύζικον δὲ λῦσαι τὴν μάχην ἐπιστάντα ἀγνοῶν Ἰάσων κτείνει,
πεσόντων καὶ ἄλλων Πελασγῶν. καὶ ἡ μὲν Ἀργὼ ἔπλει ἐπὶ   15
Κόλχους, οἱ δὲ τότε μὲν ὑπερηχθέσθησαν ἐπὶ τῇ τοῦ βασιλέως τελευτῇ, καὶ τοῖς παρ' αὐτοῖς δυνατοῖς τὰ τῆς πόλεως
ἐνεχείρισαν (οὐδὲ γὰρ ἦν παῖς Κυζίκῳ διάδοχος), ὕστερον δὲ
ὑπὸ Τυρρηνῶν Κυζίκου μετανέστησαν, καὶ Τυρρηνοὶ τὴν
χερρόνησον ἔσχον. καὶ τούτους Μιλησίων μοῖρα μάχῃ νική-   20
σαντες αὐτοὶ Κύζικον ᾤκησαν.

XLII. Αἶνος· ἡ μβ΄, ὡς Γέλων ὁ Σικελιώτης τυραννίδι
ἐπιθέσθαι διανοούμενος Ἱμεραίων ἐθεράπευε τὸν δῆμον, καὶ
κατὰ τῶν δυνατῶν ὑπερεμάχει, καὶ αὐτὸν ἠγάπα τὸ πλῆθος,
καὶ φυλακὴν τοῦ σώματος αἰτοῦντι ὡρμᾶτο 'διδόναι. Στησί-   25
χορος δ' ὁ Ἱμεραῖος ποιητὴς ὑποτοπήσας ἐπιχειρεῖν αὐτὸν
τυραννίδι, στὰς αἶνον ἔλεξεν εἰς τὸ πλῆθος, εἰκόνα τοῦ μέλλοντος πάθους. ἵππος, φησί, νεμόμενος ἐφοίτα πιούμενος ἐπὶ
κρήνην, ἔλαφος δὲ τὸ πεδίον διαθέουσα τήν τε πόαν κατέστειβε
καὶ τὸ νᾶμα ἐτάραττε. καὶ ὁ ἵππος ποθῶν τὴν ἀδικοῦσαν   30
τιμωρῆσαι, τάχει δὲ ποδῶν λειπόμενος, ἄνδρα κυνηγέτην
βοηθὸν ἐκάλει· ὁ δέ, εἰ χαλινὸν δέξοιτο καὶ ἀναβάτην, ῥᾷστα
ἀμύνειν αὐτῷ ὑπισχνεῖτο. καὶ ἐγίνετο οὕτως. καὶ ἡ μὲν ἔλαφος
ἀκοντίοις ἔκειτο βληθεῖσα, ὁ δ' ἵππος ᾔσθετο δεδουλωμένος
τῷ κυνηγέτῃ. τοῦτ', ἔφη, δέδοικα καὶ αὐτός, ὦ Ἱμεραῖοι,   35
μή, νῦν δῆμος ὄντες τῶν ἐχθρῶν μὲν διὰ Γέλωνος περι-

---

2. καὶ τὸ χωρίον || 4. ἐσῳκίσατο || 20. χερρόνησον || 25. ὥρμητο corr. ||
29. κατέστειβε corr. | 31. κυνηγέτην.

γένησθε, αύτοί δ' ύστερον Γέλωνι δουλεύσητε· φιλεΐν γάρ
άπασαν τήν δύναμιν τῷ λαβόντι επί τόν δόντα είναι, όταν
ώσπερ δούναι αυτήν μηκέτι εκ του ομοίου κομίσασθαι έγη.

XLIII. Άναπίας καί Άμφίνομος· ή μγ', οί τής Αίτνης
5 τοῦ πυρός κρατήρες άνέβλυσάν ποτε ποταμού δίκην φλόγα
κατά τής χώρας, καί Καταναίοις (πόλις δ' Ελλάς έν Σικελία
ή Κατάνη) έδοξε παντελής έσεσθαι φθορά τής πόλεως, καί
ταύτης φεύγοντες ώς είχον τάχους οι μέν χρυσόν, οί δ'
άργυρον έφερον, οί δέ ότι άν τις βούλοιτο επικούρημα τής
10 φυγής. Άναπίας δέ καί Άμφίνομος άντί πάντων τούς γονείς
γηραιούς όντας έπί τούς ώμους άναθέμενοι έφευγον· καί τούς
μέν άλλους ή φλόξ επικαταλαβούσα έφθειρεν, αυτούς δέ
περιεσχίσθη τό πύρ, καί ώσπερ νήσος έν τή φλογί πάς ό περί
αύτούς χώρος έγένετο. διά ταύτα οί Σικελιώται τόν τε
15 χώρον εκείνον εύσεβών χώραν έκάλεσαν, καί λιθίνας εικόνας
έν αύτῷ τών άνδρών μνημεία θείων τε άμα καί ανθρωπίνων
έργων άνέθεσαν.

XLIV. Λεωδάμας· ή μδ' ιστορία φησίν, ώς Λεωδάμας
καί Άμφιτρής ήρισαν υπέρ τής Μιλησίων βασιλείας, γένους
20 άμφω όντες βασιλείου. τό κοινόν δέ τή εκείνων κακούμενοι
στάσει τής μέν φιλονεικίας μετά πολλά πάθη έξίσταντο,
έκρινον δ' εκείνον βασιλεύειν, ός Μιλησίους πλείω αγαθά
εργάσοιτο. ήσαν δ' αύτοΐς τότε δύο πόλεμοι Καρυστίοις καί
Μηλιεύσι. καί πρός μέν Μήλον (αύτῷ γάρ ό κλήρος τούτον
25 έδίδου τόν πόλεμον) Άμφιτρής στρατεύσας άπρακτος άναστρέ-
φει· Λεωδάμας δέ λαμπρώς κατά Καρυστίων άνδραγαθήσας
καί κατά κράτος έλών τήν πόλιν καί άνδραποδισάμενος, Μιλήτου επανιών κατά τά συγκείμενα βασιλεύει. αιχμάλωτον
δέ κατά χρησμόν γυναίκα Καρυστίαν, παίδα φέρουσαν ύπο-
30 μάσθιον, μετά πολλών καί άλλων αναθημάτων, ά δεκάτη
τών λαφύρων ετύγχανον, άνέπεμψεν έν Βραγχίδαις. αυτός δέ
τότε Βράγχος προυστήκει τού τε ιερού καί τού μαντείου, ός
τήν τε αιχμάλωτον γυναίκα ένόμισε καί τόν παίδα αυτής
έθετο. ηύξανε δ' ό παίς ού κατά λόγον, άλλά θείᾳ τινί
35 τύχη, καί πλέον ή πρός τήν ήλικίαν άπήντα τό ευσύνετον.
ποιείται δ' αυτόν ό Βράγχος καί άγγελον τών μαντευμάτων,

---

1. φιλην, φιλεΐν Kanne || 3. έχοι || 19. Άμφιτρής scripsi pro Φίτρης,
vid. diss. || 29. δέ om.

Εὐάγγελον ὀνομάσας. οὗτος ἡβήσας τὸ Βράγχου μαντεῖον ἐξεδέξατο καὶ ἀρχὴ γένους Εὐαγγελιδῶν παρὰ Μιλησίοις ἐγένετο.

XLV. Ὀρφεύς· ἡ μέ, ὡς Ὀρφεύς, ὁ Οἰάγρου καὶ Καλλιόπης μιᾶς τῶν Μουσῶν ἐβασίλευε Μακεδόνων καὶ τῆς Ὀδρυσίδος, ἐπετήδευε δὲ μουσικὴν καὶ μάλιστα κιθαρῳδίαν· καὶ (φιλόμουσον γὰρ τὸ Θρᾳκῶν καὶ Μακεδόνων γένος) ἤρεσκεν ἐν τούτοις διαφερόντως τῷ πλήθει. κατέσχε δὲ δόξα ὡς εἰς Ἅιδου κατάβοι ἔρωτι τῆς γυναικὸς Εὐρυδίκης, καὶ ὡς τὸν Πλούτωνα καὶ τὴν Κόρην ᾠδαῖς γοητεύσας δῶρον λάβοι τὴν γυναῖκα· ἀλλ᾽ οὐ γὰρ ὄνασθαι τῆς χάριτος ἀναβιωσκομένης, λαθόμενον τῶν περὶ αὐτῆς ἐντολῶν. οὕτω δὲ θέλγειν καὶ κατακηλεῖν αὐτὸν ᾠδαῖς εἶναι σοφόν, ὡς καὶ θηρία καὶ οἰωνοὺς καὶ δὴ καὶ ξύλα καὶ λίθους συμπερινοστεῖν ὑφ᾽ ἡδονῆς. τελευτᾷ δὲ διασπασμένων αὐτὸν τῶν Θρᾳκίων καὶ Μακεδόνων γυναικῶν, ὅτι οὐ μετεδίδου αὐταῖς τῶν ὀργίων, τάχα μὲν καὶ κατ᾽ ἄλλας προφάσεις· φασὶ δ᾽ οὖν αὐτὸν δυστυχήσαντα περὶ γυναῖκα πᾶν ἐχθῆραι τὸ γένος. ἐφοίτα μὲν οὖν τακταῖς ἡμέραις ὡπλισμένων πλῆθος Θρᾳκῶν καὶ Μακεδόνων ἐν Λιβήθροις, εἰς οἴκημα ἕν συνερχόμενον μέγα τε καὶ πρὸς τελετὰς εὖ πεποιημένον· ὁπότε δ᾽ ὀργιάζειν εἰσίασι, πρὸ τῶν πυλῶν ἀπετίθεσαν τὰ ὅπλα. ὃ αἱ γυναῖκες ἐπιτηρήσασαι καὶ τὰ ὅπλα ἁρπασάμεναι ὑπ᾽ ὀργῆς τῆς διὰ τὴν ἀτιμίαν τούς τε προσπίπτοντας κατειργάσαντο, καὶ τὸν Ὀρφέα κατὰ μέλη ἔρριψαν εἰς τὴν θάλασσαν σποράδην. λοιμῷ δὲ τῆς χώρας, ὅτι μὴ ἀπῃτήθησαν δίκην αἱ γυναῖκες, κακουμένης δεόμενοι λωφῆσαι τὸ δεινὸν ἔλαβον χρησμόν, τὴν κεφαλὴν τὴν Ὀρφέως ἢν ἀνευρόντες θάψωσι, τυχεῖν ἀπαλλαγῆς. καὶ μόλις αὐτὴν περὶ τὰς ἐκβολὰς τοῦ Μέλητος δι᾽ ἁλιέως ἀνεῦρον ποταμοῦ, καὶ τότε ᾄδουσαν καὶ μηδὲν παθοῦσαν ὑπὸ τῆς θαλάσσης, μηδέ τι ἄλλο τῶν ὅσα κῆρες ἀνθρώπιναι νεκρῶν αἴσχη φέρουσιν, ἀλλ᾽ ἐπακμάζουσαν αὐτὴν καὶ ζωικῷ καὶ τότε αἵματι μετὰ πολὺν χρόνον ἐπανθοῦσαν. λαβόντες οὖν ὑπὸ σήματι μεγάλῳ θάπτουσι, τέμενος αὐτῷ περιείρξαντες, ὃ τέως μὲν ἡρῷον ἦν, ὕστερον δ᾽ ἐξενίκησεν ἱερὸν εἶναι. θυσίαις τε γὰρ καὶ ὅσοις ἄλλοις θεοὶ τιμῶνται γεραίρεται. ἔστι δὲ γυναιξὶ παντελῶς ἄβατον.

---

16. οὐ om. pr. m. || 19. ὁπλισμένων || 32. αἵματι om.

XLVI. Αινείας· ή μς', ώς Τροίας πορθουμένης υπεκτίθεται Πρίαμος εις Λυδίαν δύο παίδας "Εκτορος, Όξύνιον και Σκάμανδρον. επεί δε το Ίλιον ήλω, Αινείας, ό Αγχίσου και Αφροδίτης, διαφυγών τους Αχαιούς το μέν πρώτον ώκει την
5 Ίδην, Όξυνίου δε και Σκαμάνδρου επανελθόντων από Λυδίας και ώς πατρώας λήξεως μεταποιουμένων των περί το Ίλιον τόπων, αναλαβών Αγχίσην τον πατέρα και όσους δύνατο των συμφυγάδων προς ήλιον ανίσχοντα ώχετο κατά Αφροδίτης επίσκηψιν. διαβάς ούν τον Έλλήσποντον και άφικόμενος εις
10 θερμόν καλούμενον κόλπον, Αγχίσην μεν αποθανόντα θάπτει, αυτός δε τών επιχωρίων δεομένων ώστε βασιλεύειν αυτών ουκ έδέξατο. είτα εις την Βρουσιάδα γην έρχεται. πασι δ' ήν ερήμερος οις έντυγχάνοι κατά χάριν της Αφροδίτης. ενταύθα μυκησαμένης της συνεπομένης αυτώ βοός εξ Ίδης
15 (τούτο γάρ Αφροδίτη επέσκηψε) λαμβάνει το κράτος της γης διδόντων των επιχωρίων, και την βούν θύει Αφροδίτη, και κτίζει πόλιν, ή τότε μεν Αίνεια από του κτίσαντος, ύστερον δε παρενεγκόντος του ονόματος Αίνος εκλήθη. λόγος μεν ούν εις ούτος υπό Ελλήνων επί πολλοίς άλλοις λέγεται· ό
20 δε το Ρωμαίων γένος εις αυτόν αναφέρων και οικιστήν ποιών Άλβας, και το χρηστήριον ό κατοικείν επέτρεπεν όπότ' αν αυτός άμα των συν αυτώ θύσας μετά των σιτίων καταφάγοι και τάς τραπέζας, ούτος κατημάξευται.

XLVII. Άλθαιμένης· ή μζ', ως Άλθαιμένης, του Ηρακ-
25 λειδών γένους τρίτη γενεά άπό Τημένου, στασιάζει προς τους αδελφούς (νεώτατος δ' ήν) και μετανίσταται Πελοποννήσου, στρατόν Δωριέων έχων καί τινας Πελασγών. έστελλον δε και Αθηναίοι τότε την σύν Νειλέω τε και τοις Κοδρίδαις άποικίαν. ομοίως δε καθ' εαυτούς και Λακεδαιμόνιοι τον Φιλονόμου
30 λαόν άπώκιζον, ων ηγείτο Δελφός όνομα και Πόλις. εκάτεροι ούν παρεκάλουν Άλθαιμένην συμμετέχειν αυτοίς του έργου, οί τε Δωριείς του επί Κρήτην πλού, άτε και αυτόν Δωριέα όντα, οί τε Ίωνες εις την Ασίαν μετά σφών περαιωθηναι. τω δ' ούδετέροις έδόκει συμπλείν, αλλά κατά τον δοθέντα
35 αυτώ χρησμόν επί Δία και Ήλιον κομίζεσθαι και παρ' αυτών αιτείν εις κατοίκησιν γήν· είναι δε Διός μεν Κρήτην, Ηλίου

---
5. Όξυνίου] de nom vid. diss. || 5. ελθόντων || 22. άμα τώ (sic) || 25. Τημένου Kanne pro Τημένους || 28. σύν | ιλίω.

δὲ 'Ρόδον· ἀναγόμενος οὖν ἐκ Πελοποννήσου προσίσχει πρὸς
τὴν Κρήτην, καὶ μέρος τοῦ λαοῦ τοὺς βουλομένους αὐτόθι
οἰκεῖν καταλείπει· αὐτὸς δὲ τοὺς πλείους ἔχων Δωρικὸν ἔπλει
ἐπὶ 'Ρόδον. τὴν δὲ 'Ρόδον τὸ μὲν ἀρχαῖον λαὸς αὐτόχθων
ἐνέμοντο, ὧν ἦρχε τὸ 'Ηλιάδων γένος, οὓς Φοίνικες ἀνέστησαν   5
καὶ τὴν νῆσον ἔσχον· Φοινίκων δ' ἐκπεσόντων Κᾶρες ἔσχον,
ὅτε καὶ τὰς ἄλλας νήσους τὰς περὶ τὸ Αἰγαῖον ᾤκησαν. οἷς
ἐπιπλεύσαντες οἱ Δωριεῖς, πολέμῳ τὸ Καρικὸν καταστρεψάμενοι
τρεῖς πόλεις ἔκτισαν, Λίνδον, 'Ιήλυσον καὶ Κάμειρον. οἱ μὲν
οὖν Δωριεῖς ἀπὸ 'Αλθαιμένους ἀρξάμενοι μέχρι καὶ δεῦρο κα-   10
ταβεβήκασιν· αἱ δὲ τρεῖς πόλεις εἰς μίαν ἀποκλεισθεῖσαι μεγάλην καὶ εὐδαίμονα ταὐτὸν ὄνομα τῇ νήσῳ 'Ρόδον ἔδοσαν
καλεῖσθαι.

XLVIII. Φαιστύλος ἢ 'Ιλία· ἢ μή· τὰ περὶ 'Ρώμου καὶ
'Ρωμύλου διηγεῖται, παραλλάσσουσα πρὸς τοὺς ἄλλους ἔν τισι.   15
φησὶ δὲ ὡς 'Αμόλιος ἐπιβουλεύσας Νεμέτορα τὸν ἀδελφὸν
κτείνει, καὶ τὴν αὐτοῦ θυγατέρα 'Ιλίαν, ἵνα μὴ τέκοι μηδ'
ἀνδρωθείη, τῆς 'Εστίας ἱέρειαν ἀπέφηνε. ταύτῃ μιχθεὶς Ἄρης,
ἀπολυόμενος τῆς ὁμιλίας ὅστις τε ἦν ἐδήλωσε, καὶ ὅτι δύο
κόρους τέξεται ἐξ αὐτοῦ καὶ χρὴ θαρρεῖν. ἀλλὰ τεκοῦσαν   20
αὐτὴν μὲν Ἀμόλιος εἰς δεσμωτήριον ἔτρυχε βαλών, τινὶ δὲ
ποιμένι τῶν αὐτῷ πιστῶν τὰ τεχθέντα διαφθεῖραι δίδωσιν.
ὁ δὲ λαβὼν τὸ μὲν μίασμα χερσὶν ἰδίαις πρᾶξαι οὐ προσίετο,
εἰς σκάφην δὲ μεθῆκε κατὰ τοῦ Θύβρεως φέρεσθαι. αὕτη δὲ
μετὰ πολλὴν φορὰν περὶ προὔχουσαν ἠόνα κατίσχεται ῥίζαις   25
ἐρινεοῦ, ὃς μέγας ἐκεῖσε ἐπεφύκει. καὶ ἡ σκάφη ἐκεῖθεν τὰ
παιδία πρὸς τὴν ἠόνα ἐκβάλλει ἐπὶ μαλακῆς καὶ ψαμμώδους
γῆς. λύκος δὲ νεοτόκος ἐπιτυγχάνει τοῖς παιδίοις, καὶ ἀμφι-
βᾶσα κλαυθμυριζομένοις καὶ χεῖρας ὀρέγουσι παρεῖχε τὰς
θηλάς· τὰ δ' ἐτρέφετο βαρυνομένην ἀναπαύοντα ἐκ τῆς   30
συντυχίας τὴν λύκον. Φαιστύλος δέ τις ποιμένων τοῦτο ἰδὼν
καὶ θεῖον νομίσας ἀναλαμβάνεται καὶ ὡς ἑαυτοῦ τρέφει τὰ
παιδία. χρόνῳ δ' ὕστερον περιτυγχάνει τῷ ἐκθεμένῳ ποιμένι,
καὶ ἅπαντα παρ' αὐτοῦ μαθὼν τὰ περὶ τῶν παίδων ἀπαγγέλλει τούτοις ἡβήσασιν ἤδη, ὡς εἴησαν βασιλείου τε γένους   35
καὶ Ἄρεως γοναί, καὶ ὅσα ἡ μήτηρ καὶ ὁ μητροπάτωρ πάθοι.

---

3. Δωρικῶν corr., fuerat Δωρικόν, conicio Δωριέων || 5. Ἰλιάδων corr.
Jackson et Holsten || 7. αἴγεον || 9. Ἰήλυσαν καὶ ἄμιρον || 22. τὰ τεχθέντα add. mg.

— 28 —

οἱ δὲ (ἦσταν γὰρ καλοί τε ὄψει καὶ ῥώμην ἄμαχοι καὶ τόλμῃ γενναῖοι) αὐτίκα ἐγχειρίδια ἀναλαβόμενοι καὶ κρύψαντες ἐπὶ τὴν Ἄλβαν ἐχώρουν καὶ ἐπιτυχόντες Ἀμολίῳ διὰ τὸ ἀπροσδόκητον τῆς ἐπιβουλῆς ἀφυλάκτῳ ἐπάγουσι τὴν τιμωρίαν,
5 ξίφεσιν ἀνελόντες, καὶ τὴν μητέρα λύουσι τῶν δεσμῶν, τό τε πλῆθος δεξιοῦνται, καὶ βασιλεύουσιν Ἄλβας καὶ τῶν περὶ αὐτήν. πολλοῦ δὲ αὐτοῖς προσερρυηκότος πλήθους μεταστάντες Ἄλβας κτίζουσι πόλιν, Ῥώμην ἐπονομάσαντες, ἢ νῦν ὡς εἰπεῖν τὸ ἀνθρώπων ἔχει κράτος. δείκνυται δὲ μαρτυρία τῶν τότε
10 παρὰ Ῥωμαίοις ἐπὶ τῆς ἀγορᾶς ἐρινεὸς ἱερά, τοῦ βουλευτηρίου κιγκλίσι χαλκαῖς περιεφγομένη, καὶ καλύβη τις ἐν τῷ τοῦ Διὸς ἱερῷ γνώρισμα τῆς Φαιστύλου διαίτης, ἢν ἐκ φορυτῶν καὶ νέων φρυγάνων συνιστῶντες διασώζουσιν.

XLIX. Ἀπόλλων Αἰγλήτης, ἢ μθ΄, ὡς ἐν Ἀνάφῃ τῇ
15 νήσῳ (αὐτή δ' ἐστὶν ὑπὲρ νήσου Θήρας, οὐχ ἑκὰς τῆς Λακεδαιμονίων) ἱερὸν Ἀπόλλωνος αἰγλήτου ἵδρυται, ἐν ᾧ τὸν τωθασμῷ οἱ ἐπιχώριοι θύουσι δι' αἰτίαν τοιαύτην. ὅτε Ἰάσων ἐκ Κόλχων Μήδειαν ἁρπάσας οἴκαδ' ἔπλει, χειμὼν αὐτοὺς ἄρατος περιέσχε καὶ ἀμηχανία πᾶσα· εὐχομένων δὲ
20 καὶ πολλὰ τῶν ἐν τῇ Ἀργοῖ δεομένων, Ἀπόλλων τόξον αὐτῶν ὑπερανασχὼν τὰ δεινὰ διέλυσεν ἅπαντα, καὶ σέλατος ἐξ οὐρανοῦ διαΐσσοντος νῆσον ἀνέσχεν ἡ γῆ, ἐκ τοῦ βυθοῦ, εἰς ἢν ὁρμισάμενοι ὡς πρῶτον ὀφθεῖσαν ὑφ' ἡλίου τότε Ἀνάφην ἀπὸ τῆς συντυχίας ἐκάλεσαν, καὶ ἱερὸν Ἀπόλλωνος αἰγλήτου ἱδρύ-
25 σαντο, καὶ εὐφραίνοντο τῆς ἀνελπίστου τῶν κακῶν ἀπαλλαγῆς καὶ ταῖς ἄλλαις εὐωχίαις. Μήδεια δὲ σὺν ταῖς ἀμφ' αὐτὴν γυναιξίν, αἳ δῶρον ἦσαν γάμων τῶν Ἰάσονος, παίζουσαι μετὰ μέθην ἔσκωπτον τοὺς ἥρωας ἐν τῇ παννυχίδι· οἱ δὲ ἀντετώθαζον τὰς γυναῖκας. ἐκ τούτου τοιγαροῦν καὶ Ἀνάφης ὁ λαὸς
30 (ᾠκίσθη γὰρ ἡ νῆσος) ἀνὰ πᾶν ἔτος Ἀπόλλωνι αἰγλήτῃ κερτομοῦντες ἀλλήλους ἑορτὴν κατὰ μίμησιν ἐκείνων ἄγουσιν.

L. Τισίφονος ἢ Θήβη· ἢ ν΄, ὡς Ἀλέξανδρον τὸν τύραννον Θήβη ἀναιρεῖ ἡ αὐτοῦ γυνή. αὕτη δ' ἦν Ἰάσονος μὲν θυγάτηρ, τοῦ ποτε Θεσσαλίας τυραννήσαντος, ἀδελφοὺς δ' εἶχε τρεῖς,
35 Τισίφονον καὶ Λυκόφρονα καὶ Πυθόλαον· ὁμομήτριοι δ' ἦσαν,

---

1. καλοί τε] τε om. ǁ 2. ἀναλαμβανόμενοι ǁ 3. ἀμουλίωι ǁ 22. διαΐζοντος ǁ
29. ἀναφίως, Ἀνάφης vel Ἀναφαίων Bekker, conicio Ἀναφίων ǁ 35. θόλαον,
Πυθ. Hoeschel.

πατὴρ δ' αὐτῶν Εὐάλκης ἦν. τούτους Ἀλέξανδρος οὗτος ὁ
Φερῶν δι' ὑποψίας ἔχων ἐμελέτα ἀνελεῖν· εἰδὼς δ' ὡς οὐκ
ἀνάσχοιτο Θήβη περιιδεῖν τοὺς ὁμομητρίους ἀναιρουμένους
ἀδελφούς, καὶ αὐτὴν ἐπενόει συνανελεῖν. καὶ νήφων μὲν ἔκρυβε
τὸ βούλευμα, μεθύων δὲ (ἦν γὰρ ἥττων οἴνου) παρεγύμνου τε   5
καὶ ἀπεκάλυπτε. Θήβη δὲ τὸ βούλευμα μαθοῦσα, τοῖς μὲν
ἀδελφοῖς ἐγχειρίδια δοῦσα παρασκευάζεσθαι πρὸς τὴν σφαγὴν
παρεκάλει, οἴνῳ δὲ πολλῷ Ἀλέξανδρον βαπτίσασα καὶ κατευ-
νάσασα ἐκπέμπει τοὺς τοῦ θαλάμου φύλακας προφάσει ὡς
λουτροῖς χρησομένη, καὶ τοὺς ἀδελφοὺς ἐπὶ τὸ ἔργον ἐκάλει. 10
οἱ δὲ ἀπεδειλίων, καὶ μάλιστα αὐτῶν ὁ νεώτατος. ἡ δὲ ἄλλα
τε διαπειλησαμένη, καὶ ὡς τὸν Ἀλέξανδρον αὐτίκα ἀνεγεροῦ-
σα καὶ κατηγορεύσει αὐτῶν τὸν φόνον, θαρρεῖν αὐτοὺς ἐβιάσατο·
καὶ κτείνουσι κοιμώμενον τὸν Ἀλέξανδρον. Θήβη δὲ τοὺς
ἡγεμόνας τῶν φυλάκων εἰσκαλεσαμένη, καὶ τὰ μὲν ἀπειλαῖς, 15
τὰ δ' ἐπαγγελίαις μετελθοῦσα πείθει συγκατασκευάζειν αὐτῇ
τὴν τυραννίδα. καὶ οἱ μὲν ἐπέτρεπον. καὶ αὐτὴ τὴν μὲν ἰσχὺν
δέχεται, τοὔνομα δὲ καὶ τὴν δόξαν τῆς τυραννίδος Τισιφόνῳ
τῷ πρεσβυτάτῳ τῶν ἀδελφῶν δίδωσιν.

12. ἀνεγεροῦ- 19. πρεσβυτέρῳ.

Konon und Pausanias.

War früher das Hauptbestreben derer, die sich mit Sagengeschichte beschäftigten, darauf gerichtet, zuvörderst aus der Literatur das Material zur Behandlung der Sagen zusammenzusuchen, so betrachten wir heute als unsere Hauptaufgabe die Sichtung der für die einzelnen Sagen vorliegenden Zeugnisse und die auf diesem Wege allmählich festzustellende Entwicklung, welche die Sage im Lauf der Jahrhunderte genommen hat. Jeder, der auf diesem Gebiet arbeitet, weiss, wie weit wir noch von unserem Ziel entfernt sind; doch aber ist gerade für die Beurteilung und Sichtung der Quellen die Arbeit der neuesten Zeit fruchtbringend gewesen. Nachdem die Geschichtsforschung angefangen nicht bloss nach den Primärquellen, sondern auch nach den Mittelquellen zu fragen, hat die mythographische Forschung ein Gleiches unternommen, und es ist ihr gelungen in unserer Überlieferung gewisse Schichten zu unterscheiden. Seit Carl Robert in seiner grundlegenden Schrift de Apollodori bibliotheca Aufklärung über Natur und Zeit dieses Buches gab, haben E. Schwartz, Wellmann, Bethe u. A. Untersuchungen über das der sog. apollodorischen Bibliothek und anderen in Betracht kommenden Literaturdenkmälern gemeinsam zugrunde liegende mythologische Kompendium angestellt. Mag auch der Name des Verfassers vorläufig unbekannt bleiben, mögen auch die Umrisse der Gestalt, welche diesem Buche eigen gewesen, noch nicht fest begrenzte sein, als Thatsache darf man ansehen, dass ein solches Handbuch — wenn nicht deren mehrere — in einem grossen Teil unserer Überlieferung verarbeitet vorliegt.

Weit wichtiger als für die Sagengeschichte ist diese Beobachtung für die Literaturgeschichte. Ihre notwendige Folge ist, dass einzelne Schriftsteller jetzt eine veränderte Beurteilung erfahren. Das Schicksal, welchem schon etwas früher Diodor verfallen ist: aus einem angesehenen Schriftsteller ein elender Kompilator zu werden, hat auch Pausanias erfahren müssen.

Die Quellen des Pausanias hat jüngst Kalkmann in seinem Buche „Pausanias der Perieget" einer Betrachtung unterzogen. Von der Hochschätzung dieses Schriftstellers ist man mehr und mehr zurückgekommen[1]); ist auch Kalkmanns Buch nichts weniger als abschliessend, so dürfte doch dies als erwiesen gelten, dass die angebliche Benutzung erster Quellen durch Pausanias Heuchelei ist, dass auch er aus abgeleiteten Quellen geschöpft hat. Es fragt sich, ob wir ein Recht haben ihn dieserhalb hart zu verurteilen. Vielleicht that Pausanias nur, was die meisten anderen auch thaten. Wie schlimm Herodot wegkommt, wenn wir ihn nach unseren Begriffen von literarischem Anstand messen wollen, hat Diels gezeigt. — Auch Pausanias hat ein mythologisches Handbuch benutzt, freilich „um zu einer zuverlässigen Vorstellung von Anlage und Beschaffenheit des Handbuchs durchzudringen, dafür genügen die von Pausanias ohne Plan und wie es scheint absichtlich in verschiedener Richtung und Ausdehnung gemachten Exzerpte nicht." So Kalkmann S. 262.

Pausanias und die Frage nach seinen Gewährsmännern geht uns hier in soweit an, als er Sagenversionen bietet, welche auch bei Konon vorliegen; dies ist vornehmlich bei drei Geschichten der Fall.

XVIII.

Der hier erwähnte Krotoniate Autoleon kommt sonst nicht vor; im Übrigen aber ist die erzählte Begebenheit bekannt genug, zumal die Schlacht, deren Erwähnung geschieht. Es handelt sich nämlich um die am Sagrasfluss geschlagene Schlacht zwischen den Krotoniaten und den epizephyrischen Lokrern[2]).

Kurz erwähnt die Schlacht Strabon VI 261, ausführlicher Justinus XX 2. 3; beide aber reden nicht von Aias, der den Lokrern

---

1) Bekannt ist der Angriff von U. von Wilamowitz-Möllendorff. S. auch Hirschfeld Archäolog. Zeitg. Jahrg. XL (1882) 98 ff. u. im Fleckeisen 1883, 769 ff. Die erregte Verteidigung von J. H. Ch. Schubart (ebenda 459 ff.) hat dem Sturmlauf nicht Einhalt thun können. In ablehnendem Sinn hat sich gegen die Anklagen gelegentlich A. Enmann ausgesprochen. Vielleicht wäre eine besonnene Verteidigungsschrift zeitgemäss.

2) Duncker Gesch. d. Alt. IV 627; Holm Geschichte Siziliens I 163.

Hülfe gebracht habe, sondern von den Dioskuren. Die Vorlage der beiden anlangend ist zu bemerken, dass Strabon aus Timaios schöpft, den er kurz vorher nennt, ebenfalls aus Timaios, wie es scheint, Trogus.³) Ganz anders als bei Konon lautete auch die Erzählung des Theopompos⁴) cf. Suidas s. v. Φορμίων; ähnlich berichtet das Scholion zu Platons Phaedr. p. 243 A (268 Herm.), wo indessen der Unsichtbare, von welchem Leonymos (= Autoleon bei Konon) verwundet wird, Achilles ist.

Einen Parallelbericht zu Konon aber lesen wir bei Pausanias III 19, 11 ff. (ich gebe die Stelle in verkürzter Übersetzung): „Bei den Krotoniaten und übereinstimmend bei den Himeräern wird von Helena Folgendes erzählt: Im Pontos Euxeinos in der Gegend der Mündungen des Ister liegt eine dem Achilleus heilige Insel, Leuke, mit Tempel und Bild des Achilleus. Hierhin soll zuerst Leonymos von Kroton gekommen sein. Als in einem Krieg zwischen den Krotoniaten und den Lokrern diese im Hinblick auf ihre Verwandtschaft mit den opuntischen Lokrern den Aias zum Beistand im Kampf anriefen, drang der Führer der Krotoniaten Leonymos an der Stelle gegen die Feinde vor, wo, wie er hörte, Aias seinen Platz hatte. An der Brust verwundet sucht er Hülfe in Delphi, von wo ihn die Pythia nach Leuke schickt: dort werde Aias ihm erscheinen und helfen. Er kehrt denn auch von Leuke gesund zurück; von Helena erzählt er, sie lebe bei Achill und habe ihm aufgetragen, nach Himera zu Stesichoros zu reisen und ihm zu melden ὡς ἡ διαφθορὰ τῶν ὀφθαλμῶν ἐξ Ἑλένης γένοιτο αὐτῷ μηνίματος. Στησίχορος μὲν ἐπὶ τούτῳ τὴν παλινῳδίαν ἐποίησεν." Statt eines Autoleon haben wir hier wie im Platonscholion einen Leonymos. Von dieser Variante abgesehen liegt die Übereinstimmung auf der Hand und weist auf unmittelbar gemeinsame Quelle hin. Hätte G. Hermann (s. die Vorrede zu Eur. Hel. p. VIII sqq.) Recht, so läge bei Pausanias und Konon ein Stück Stesichoros vor: aber E. v. Duhn hat in seiner Dissertation de Menelai itinere Aegyptio S. 39 f. gegen Hermann und Holms „ingeniosum inventum" vom Chorlied „Helena" (das die Schlacht am Sagras und die rettenden Dioskuren verherrlicht haben

---

3) Vgl. A. Enmann Über die Quellen der sizilischen Geschichte bei Pompeius Trogus 26 ff. 35.

4) Dass Theopomp von Trogus benutzt sei, hat vergebens zu zeigen gesucht Meineke Fragm. Com. Gr. II 2, 1231.

soll) sich wendend gezeigt, dass Platon von der Erzählung, welche nach Pausanias in Kroton und Himera zu Hause, nichts gewusst hat. Diese Erzählung ist somit jünger als Platon.

Die Quellenfrage anlangend lässt sich dieses sagen: die ursprüngliche Quelle ist hier eine andere als in der später zu behandelnden Erzählung LII; dort wird die Herkunft der Lokri Epizephyrii vom Lokris Griechenlands stillschweigend abgewiesen, hier heisst es Λοκροὶ μαχόμενοι, ἐπεὶ συγγενής αὐτοῖς Αἴας ἦν. Hätte Pausanias recht, wenn er sagt, dass die Geschichte in Kroton und Himera erzählt wurde, so wäre anzunehmen, dass der erste Erzähler in der Literatur dort zu Hause oder wenigstens bekannt gewesen sei; doch sind derartige Bemerkungen bei Pausanias, wie Kalkmann gelehrt hat, häufig nichts als lumina dicendi. Dass Timaios nicht Quelle sein kann, geht aus dem Obigen hervor. Dies alles hilft uns nun freilich nicht weiter, und wir müssen uns, wie noch oft, bescheiden, die Primärquelle nicht zu ermitteln. Was ist denn aber die Pointe der Erzählung? Bei beiden, Konon und Pausanias, läuft die Erzählung auf die Palinodie des Stesichoros hinaus, indem sie in ätiologischer Wendung Antwort giebt auf die Frage, wie er dazu gekommen, die Palinodie zu dichten.

Bemerkenswert ist, dass, wie die Schlacht am Sagras Veranlassung zu dem Sprichwort ἀληθέστερα τῶν ἐπὶ Σάγρα gab (Strabon, Suid., Zenob. II 17 u. Anm. d. Herausg.), auch von der Palinodie des Stesichoros sprichwörtlich die Rede war, wovon Nachklänge bei dem Scholiasten zu Aristides p. 65 Frommel, Suid. s. v. Παλινοδία (Makarios Chrysokephalos VII 81) zu finden.

XXVIII.

Die Sage knüpft, wie Welcker richtig erkannt hat (Gr. Trag. 500) an den örtlichen Kult des Heros Tennes auf Tenedos an. Der Sohn des Kyknos, des Königs von Kolone in Troas, sammelt er Kolonisten, setzt nach Leukophrys über und gründet Tenedos. Seiner Herrschertugenden wegen werden ihm nach seinem Tod göttliche Ehren zu teil; καὶ γὰρ τέμενος αὐτοῦ κατεσκεύασαν καὶ θυσίαις ὡς θεὸν ἐτίμων, ἃς διετέλουν θύοντες μέχρι τῶν νεωτέρων καιρῶν. So Diodor V 83 (vgl. Plutarch Quaest. Gr. 28 οὐ νῦν τὸ ἱερόν ἐστι), welcher dieser Erzählung die bekannte auch bei Konon vorliegende Sage als μυθολογούμενα gegenüberstellt. Bildsäulen von Tennes gab es zur Zeit Ciceros, der dem Verres vorhält (act. II 1

§ 49): Tenedo Tenem ipsum, qui apud Tenedios sanctissimus deus habetur, qui urbem illam dicitur condidisse, cuius ex nomine Tenedus nominatur, hunc ipsum, inquam, Tenem pulcherrime factum, quem quondam in comitio vidistis, abstulit magno cum gemitu civitatis.

Von dem Heiligtum des Tennes wissen Plutarch und Diodor zwei Merkwürdigkeiten zu berichten: 1) darf kein Flötenspieler dasselbe betreten,[5]) 2) darf der Name des Achilles in demselben nicht ausgesprochen werden. Der erste Punkt steht in Zusammenhang mit der von Konon erzählten Geschichte, der zweite findet seine Erklärung in folgender Sage: Dem Achilles hat seine Mutter Thetis strengstens anempfohlen, den Tennes, den Liebling des Apollon,[6]) nicht zu töten. Ein Diener erhält den Auftrag, über der Befolgung dieses Gebotes zu wachen. Da kommt Achilles nach Tenedos, trifft dort die schöne Schwester des Tennes und erschlägt den zu ihrem Beistand herbeieilenden Bruder. Zur Strafe dafür, dass er seine Pflicht versäumt, tötet der Held nun auch den Diener, den Tennes aber bestattet er.[7])

Bekanntlich wird in der Euripidesvita unter den unechten euripideischen Stücken ein Tennes aufgeführt, welcher in Wirklichkeit wahrscheinlich dem Kritias gehört. Den Vorwurf für eine Tragödie abzugeben war die Tennessage auch in hohem Masse geeignet; weniger freilich wurde die Arbeit des tragischen Dichters herausgefordert durch die (oben wiedergegebene) Erzählung der Tötung des Tennes durch den Peliden, als durch die andere durch Konon vertretene Geschichte von den wunderbaren Schicksalen des Tennes und seiner Schwester. Dass dieser Erzählung die Tragödie zu grunde liegen möge, hat nach Heyne und Welcker auch U. von Wilamowitz-Möllendorff[8]) ausgesprochen. Auf diesen Gegenstand deutet auch das einzige Fragment (696 Nauck)

φεῦ
οὐδὲν δίκαιον ἔστιν ἐν τῷ νῦν γένει.

Zu weit geht freilich Nauck, wenn er bemerkt (p. 455 sq.): Argu-

---

5) Cf. [Heraclid.] bei Mueller F. H. G. II 213, 7. Über die Deutung der Sage s. Müller, Dorier I 344, 3.

6) Nach Tzetzes zu Lyk. 232 war er in Wirklichkeit ein Sohn des Apollon.

7) So Plutarch; aus gleicher Quelle, jedoch die Tötung des Tennes durch Achill nur kurz erwähnend, Diodor.

8) Anal. Euripid. 161 Anm.

mentum dramatis fortasse iis continetur quae prodit Conon; wenigstens wird man billig fragen, warum gerade Konon der sein soll, welcher den Vorwurf am reinsten wiedergiebt. Erzählt doch Pausanias, wovon noch die Rede sein wird, genau so wie Konon, nur noch etwas ausführlicher. Zudem gehört in den Zusammenhang der Geschichte der Τενέδιος αὐλητής, ein sprüchwörtlicher Ausdruck auf falsche Zeugen angewandt (Steph. Byz. v. Τένεδος): ein Flötenspieler Namens Molpos zeugte nämlich gegen den unschuldigen Tennes zu Gunsten der Stiefmutter (Plutarch und Diodor a. a. O. vgl. Heraclid. bei Müller II, 213, 7). Das Scholion zum Lykophron (ed. Kinkel) 232 erzählt im Zusammenhang: ὁ Κύκνος, Τρὼς ὤν, ἔσχε παῖδας δύο ἐκ Προκλείας, Τέννην καὶ Ἡμιθέαν· ἀποθνούσης δὲ Προκλείας ἐπέγημεν ὁ Κύκνος Φιλονόμην, ἥτις ἐρασθεῖσα τοῦ Τέννου καὶ μὴ τυχοῦσα τῆς ἐλπίδος κατηγόρευσεν αὐτοῦ πρὸς τὸν πατέρα, ὡς βιασθεῖσα ὑπ' αὐτοῦ, συμφωνοῦντος αὐτῇ καὶ αὐλητοῦ τινος Μόλπου καλουμένου. ὁ δὲ ὀργισθεὶς ἐνέβαλε καὶ τὸν Τέννην καὶ τὴν Ἡμιθέαν εἰς λάρνακα καὶ ἀφῆκε φέρεσθαι ἐν τῇ θαλάσσῃ. ἡ δὲ λάρναξ προσωρμίσθη τῇ Τενέδῳ, τότε Λευκόφρυι καλουμένῃ, ἣν ἀφ' ἑαυτοῦ ὁ Τέννης Τένεδον προσηγόρευσεν. ἀκούσας δὲ ὁ Κύκνος ἀνεῖλε μὲν τὴν Φιλονόμην, αὐτὸς δὲ ἐλθὼν συνῴκησε τοῖς παισὶν ἐν Τενέδῳ. ἐλθὼν οὖν Ἀχιλλεὺς ἀνεῖλε καὶ αὐτὸν καὶ τὸν Τέννην· ἡ δὲ Ἡμιθέα διωκομένη ὑπ' αὐτοῦ καὶ φεύγουσα τὴν ῥίζιν, εἰς γῆν κατεπόθη· Durch das Auftreten des Flötenspielers erhalten wir also eine Ergänzung des Konon; zugleich aber sehen wir hier, wie im Weiteren die Berichte auseinandergehen: bei Konon wird Vater Kyknos, welcher angefahren kommt, um sich mit seinen Kindern zu versöhnen, schroff abgewiesen, beim Lykophronscholiasten wohnt er bei ihnen. Dass der Zweck der Erzählung des Konon nicht etwa der ist, den Vorwurf der Tragödie einfach wiederzugeben, sieht man schon daraus, dass die Pointe ein Sprüchwort Τενέδιος πέλεκυς ist. Die Redensart wurde von solchen gebraucht, die eine Sache übers Knie brechen, s. z. B. Cicero ad Qu. fr. 2, 11, 2. Münzen von Tenedos zeigen auf der einen Seite ein Beil,[9]) und schon dieser Umstand gab Veranlassung zu Erklärungsversuchen. Schon Aristoteles erzählte ἐν τῇ Τενεδίων πολιτείᾳ, ein König von Tenedos habe ein Gesetz erlassen, dass, wenn Ehebrecher auf frischer That ertappt würden, beide Teile durch das Beil sterben sollten. Nun sei ein Sohn des Königs im Ehe-

---

9) Steph. Byz. Τένεδος, auch sind solche erhalten.

bruch betroffen worden, und der König habe auch an seinem eigenen Sohn das Gesetz in Anwendung bringen lassen.[10]) Noch andere Deutungen begegnen, die in Zusammenhang zu unserer Geschichte gesetzt erscheinen;[11]) absonderlich ist der Ausdruck gar von Schildkröten abgeleitet, die auf der Schale ein Beil haben (Plutarch de Pyth. or. 12, Suidas). An die Sprüchwörter Τενέδιος πέλεκυς, ἄνθρωπος, ἀνήρ, ξυνήγορος, αὐλητής ist bei allen den Genannten die Erzählung angeknüpft (wenn sie dieselbe überhaupt geben) oder vielmehr das Sprüchwort ist die Pointe.[12]) So auch bei Konon-Pausanias, welche wir nunmehr nebeneinander betrachten wollen.

Pausanias X 14, 1 ff.

Konon

Κύκνον παῖδα εἶναι Ποσειδῶνος καὶ βασιλεύειν φασὶν ἐν Κολώναις· αἱ δὲ ᾠκοῦντο ἐν γῇ τῇ Τρωάδι αἱ Κολῶναι κατὰ νῆσον κείμεναι Λεύκοφρυν. Ἔχοντος δὲ θυγατέρα ὄνομα Ἡμιθέαν τοῦ Κύκνου καὶ υἱὸν καλούμενον Τέννην ἐκ Προκλείας, ἣ Κλυτίου μὲν ἦν θυγάτηρ, ἀδελφὴ δὲ Καλήτορος . . . ταύτης οὖν προ αποθανούσης ἡ ἐπεισελθοῦσα

ὡς Τέννης καὶ Ἡμιθέα παῖδες ἤστην Κύκνῳ βασιλεῖ Τρῳάδος, καὶ Κύκνος ἀποθανούσης αὐτῷ τῆς γυναικὸς ἑτέραν ἐπεισάγεται·

---

10) Aristoteles fr. 593 Rose; Hauptstelle Steph. Byz v. Τένεδος, vgl. Pseudo-Heraklid. bei Müller F. H. G. II 213,7, Photios v. Τενέδιος ξυνήγορος, Diogenian VIII 58. Statt Τενέδιος πέλεκυς sagte man auch Τενέδιον βέλος, s. Hesych. s. v. Laut Zenob. VI 9 war das Sprichwort auch bei Menander erwähnt, demontsprechend in der röm. Komödie, s. A. Kiessling Anall. Plaut. II (1881) p. X, Ostermayer de historia fabulari in comoediis Plautinis 12. Vermutungen über die Herkunft des Boiles bei Spyr. Lampros De conditorum coloniarum Graecarum indole praemiisque et honoribus (Lpz. 1873) p. 17.

11) Suid. v. Τενέδιος ἄνθρωπος u. ξυνήγορος, Zenob. VI 9, Eustath. z. Dionys. Per. 536, zur Ilias p. 83,23 (Stallb.), schol. Hom. A 38.

12) Zwei Zeugen seien noch erwähnt, Hekataios bei Steph. Byz v. Τένεδος· νῆσος τῶν Σποράδων, ὡς Ἑκαταῖος, ἐν Ἑλλησπόντῳ. ἀπὸ Τένου καὶ Ἀμφιθέας ἢ Ἡμιθέας, τῶν Κύκνου παίδων, οἱονεὶ Τενούεδος. ein sehr ehrwürdiger Zeuge, wenn es sicher wäre, dass sein Fragment über Ἑλλησπόντῳ hinausgeht — und Strabon VIII 389 XIII 604, welcher zwar Konntnis der Tennessage verrät, aber sich mehr für den Kult des Apollon Smintheus auf Tenedos interessiert.

Φυλονόμη ἡ Τραγάσου,[13] διήμαρτε γὰρ ἐρασθεῖσα τοῦ Τέννου, ψεύδεται πρὸς τὸν ἄνδρα ὡς αὐτὴ μὲν οὐκ ἐθέλουσα, τὸν δὲ αὐτῇ Τέννην συγγενέσθαι θελήσαντα· καὶ ὁ Κύκνος πείθεται τῇ ἀπάτῃ καὶ ἐς λάρνακα ἐνθέμενος ὁμοῦ τῇ ἀδελφῇ Τέννην ἐς θάλασσαν σφᾶς ἀφίησι. σώζονταί τε δὴ πρὸς τὴν νῆσον οἱ παῖδες τὴν Λεύκορρυν, καὶ ὄνομα ἡ νῆσος τὸ νῦν ἔσχεν ἀπὸ τοῦ Τέννου. Κύκνος δέ, οὐ γὰρ τὸν πάντα ἔμελλε χρόνον ἀγνοήσειν ἀπατώμενος, ἔπλει παρὰ τὸν υἱὸν ἄγνοιάν τε ὁμολογήσων τὴν αὐτοῦ καὶ παραιτησόμενος τὸ ἁμάρτημα· προσορμισαμένου δὲ τῇ νήσῳ καὶ ἐξάψαντος ἀπὸ τῆς νεὼς πρός τινα ἢ πέτραν ἢ δένδρον τοὺς κάλους, Τέννης πελέκει σφᾶς ἀπέκοψεν ὑπὸ τοῦ θυμοῦ. Ἐπὶ τούτῳ μὲν ἐς τοὺς ἀρνουμένους στερεῶς λέγεσθαι καθέστηκεν ὡς ὁ δεῖνα ὅστις δὴ Τενεδίῳ πελέκει τόδε τι ἀποκόψειε. Τέννην μὲν ὑπὸ Ἀχιλλέως ἀποθανεῖν ἀμύνοντα τῇ οἰκείᾳ φασὶν Ἕλληνες κτλ.

ἡ δ' ἐπιμανεῖσα Τέννῃ καὶ μὴ τυγχάνουσα καταψεύδεται τοῦ παιδὸς τὰ ἑαυτῆς·

καὶ ὁ πατὴρ ἀκρίτως εἰς λάρνακα Τέννην κατακλείει, ἀλλὰ καὶ τὴν Ἡμιθέαν περικλῃοῦσαν τἀδελφοῦ, καὶ ἀφίησι τῇ θαλάσσῃ. ἡ δ' εἰς νῆσον ἐκφέρεται, καὶ οἱ ἐπιχώριοι τὴν λάρνακα ἀνακομίζονται, καὶ τὸ κράτος τῆς γῆς ἐκείνης ἴσχουσι Τέννης καὶ Ἡμιθέα, καὶ ἡ νῆσος Τένεδος ἀντὶ Λευκόρρυος ὠνομάσθη. Ὁ δὲ Κύκνος μεταγνοὺς καὶ ὁρμισάμενος πρὸς τὴν νῆσον ἐδεῖτο τοῦ παιδὸς ἀπὸ τῆς νεὼς ξυγνηστίαν ἔχειν. ὁ δέ, ὡς μὴ ἐπιβαίη τῆς νήσου, πέλεκυν ἀράμενος τὰ πείσματα τῆς νεὼς διακόπτει. καὶ ἀπ' αὐτοῦ οἱ ἄνθρωποι ἐπὶ παντὸς ἀποτόμου πράγματος τὴν Τέννου πέλεκυν ἐπιλέγουσιν.

Konon und Pausanias stimmen, wie man sieht, nicht nur bezüglich des Ganges der Erzählung, sondern auch in den Einzelheiten überein. Beide geben die Erklärung des Sprüchworts Τενέδιος πέλεκυς, eine eigene, sonst nirgends wiederkehrende Erklärung.

---

13) Sonst auch Philonome oder Polyboia, s. Eustath. zur Ilias p. 33.23. Τραγάσου schreibe ich für Κραγάσου mit Vergl. d. Etymol. M. 763,25 Τραγάσιον· ἐν τῇ Τροίᾳ· ἀπὸ Τραγάσου τοῦ πατρὸς Φιλονομίας τῆς ἐρασθείσης Τίνου, vgl. Tzetz. Lyk. 232.

Vergleicht man Konon-Pausanias mit anderen, z. B. Diodor-Plutarch, so fällt auf, dass keiner der ersteren beiden das falsche Zeugnis des Flötenspielers erwähnt, von welchem die letzteren sprechen. Dagegen stimmt Pausanias mit Diodor-Plutarch bezüglich der Thatsache der Tötung des Tennes durch Achill überein, während bei Konon die Erzählung nicht soweit reicht. Von Konon Pausanias, wahrscheinlich auch von Diodors und Plutarchs Quelle, unterscheidet sich die oben wiedergegebene Erzählung des Lykophronscholiasten wesentlich dadurch, dass König Kyknos später mit seinen Kindern sich aussöhnt und bei ihnen wohnt; ohne auf die Kyknossage weiter einzugehen, wozu hier nicht der Ort, mögen wir doch die Vermutung nicht unterdrücken, dass das nichts bedeutet, als einen Versuch, die Kyknos-Tennessage mit der Kyknos-Achillessage in Einklang zu bringen.

XIX.

Die Sage von Linos und seinem Grossvater Krotopos behandeln ausser Konon im Zusammenhang Statius in der Thebais I 570 ff. und Pausanias I 43,7 ff. Dass der römische Dichter hier von Kallimachos abhängig sei, hatte schon Hecker[14]) erkannt. Später hat Knaack in seinen Analecta Alexandrino-Romana (Diss. Gryph. 1880) S. 14—28 hauptsächlich die drei genannten Berichte verwortet, um den Gang der Kallimachischen Linoselegie scharfsinnig wiederherzustellen. Das Aition[15]) enthalten die Worte des Konon μῆνά τε ὠνόμασαν ἀρνεῖον, ὅτι ἀρνάσι Λίνος συνανετράφη. Bezüglich des Pausanias kommt Knaack zu dem Schluss, dass sein Bericht ganz aus Kallimachos geflossen sei; ob direkt, lässt er dahingestellt (S. 25). Dagegen meint er von Konon, Kallimachos sei bei ihm nicht Quelle, sondern nur benutzt; derselbe repräsentiere am Schluss eine andere Wendung der Sage, indem er den Krotopos Tripodiskos gründen lasse (S. 27 A.). Um die Richtigkeit der letzteren Ansicht zu prüfen, müssen wir die Berichte des Konon und Pausanias nochmals miteinander vergleichen.

---

14) Commentatio critica de Anthologia Gr. Leyden 1843, 194—204 cf. G. Knaack in der Berliner Philol. Wochenschr. 1884, 39, S. 1218. Heckers Buch war mir nicht zugänglich.
15) Übrigens hat Maass Analecta Eratosthenica p. 127 mit Recht auf die Auswahl der Aitien aufmerksam gemacht, die sich hier bot.

Pausanias	Konon
Ἐπὶ Κροτώπου λέγουσιν ἐν Ἄργει βασιλεύοντος Ψαμάθην τὴν Κροτώπου τεκεῖν παῖδα ἐξ Ἀπόλλωνος, ἐχομένην δὲ ἰσχυρῶς τοῦ πατρὸς δείματι τὸν παῖδα ἐκθεῖναι. καὶ τὸν μὲν διαφθείρουσιν ἐπιτυχόντες ἐκ τῆς ποίμνης κύνες τῆς Κροτώπου,	ὡς Ψαμάθη ἡ Κροτώπου ἐξ Ἀπόλλωνος κύει, καὶ τεκοῦσα, ἐπεὶ τὸν πατέρα ἐδεδοίκει, ἐκτίθεται, Λίνον ὀνομάσασα. καὶ ὁ δεξάμενος ποιμὴν ὡς ἴδιον ἀνέτρεφε, καί ποτε οἱ τῆς ποίμνης κύνες διέσπασαν αὐτόν.

Dass Linos von dem Hirten aufgezogen wird, was in des Pausanias Quelle offenbar stand, hat Pausanias ausgelassen, wie ihm überhaupt nicht sowohl die Person des Linos die Hauptsache ist als vielmehr die des Koroibos, dessen Grab ihm Veranlassung giebt, die Geschichte zu erzählen.

Ἀπόλλων δὲ Ἀργείοις ἐς τὴν πόλιν πέμπει Ποινήν. ταύτην τοὺς παῖδας ἀπὸ τῶν μητέρων φασὶν ἁρπάζειν, ἐς ὃ Κόροιβος ἐς χάριν Ἀργείοις φονεύει τὴν Ποινήν. φονεύσας δέ, οὐ γὰρ ἀνίει σφᾶς δεύτερα ἐπιπεσοῦσα νόσος λοιμώδης, Κόροιβος ἑκὼν ἦλθεν ἐς Δελφοὺς ὑφέξων δίκας τῷ θεῷ τοῦ φόνου τῆς Ποινῆς. ἐς μὲν δὴ τὸ Ἄργος ἀναστρέφειν οὐκ εἴα Κόροιβον ἡ Πυθία, τρίποδα δὲ ἀρξάμενον φέρειν ἐκέλευεν ἐκ τοῦ ἱεροῦ, καὶ ἔνθα ἂν ἐκπέσῃ οἱ φέροντι ὁ τρίπους, ἐνταῦθα Ἀπόλλωνος οἰκοδομῆσαι ναὸν καὶ αὐτὸν οἰκῆσαι. καὶ ὁ τρίπους κατὰ τὸ ὄρος τὴν Γερανίαν ἀπολισθὼν ἔλαθεν αὐτοῦ ἐκπεσών· καὶ Τριποδίσκους κώμην ἐνταῦθα οἰκίσαι.	ἡ δὲ ὑπερπαθήσασα κατάφωρος γίνεται τῷ πατρί, καὶ δικάζει αὐτῇ θάνατον, πεπορνεῦσθαι καὶ καταψεύδεσθαι αὐτὴν Ἀπόλλωνος οἰηθείς. Ἀπόλλων δὲ τῷ τῆς ἐρωμένης φόνῳ χολωθεὶς λοιμῷ κολάζει τοὺς Ἀργείους. καὶ χρωμένοις ὑπὲρ ἀπαλλαγῆς Ψαμάθην ἀνεῖλε καὶ Λίνον ἱλάσκεσθαι. οἱ δὲ τά τε ἄλλα ἐτίμησαν αὐτοὺς καὶ γύναια ἅμα κόραις ἔπεμπον θρηνεῖν Λίνον... καὶ οὐδ᾽ οὕτως ἐλώφα τὸ κακόν, ἕως Κρότωπος κατὰ χρησμὸν ἔλιπε τὸ Ἄργος, καὶ κτίσας πόλιν ἐν τῇ Μεγαρίδι καὶ Τριποδίσκιον ἐπικαλέσας κατῴκησεν.

Die Übereinstimmungen am Anfang und am Schluss, wo bei beiden Schriftstellern die Erzählung in die Gründungssage von Tripodiskos ausläuft, zwingt zur Annahme einer gemeinschaftlichen Vorlage. In der Mitte der Erzählung bestehen zwischen beiden Be-

richten keine Widersprüche, vielmehr ergänzen sie sich gegenseitig.
Über Linos sagt Konon mehr als Pausanias, über Koroibos Pausanias mehr als Konon. Ja dieser nennt den Koroibos gar nicht, bis
es zum Schluss heisst καὶ οὐδ' οὗτως ἐλώρα τὸ κακόν, ἕως Κρότωπος κατὰ χρησμὸν ἔλιπε τὸ Ἄργος u. s. w. Wir können
hierin nichts anderes finden als einen offenbaren Irrtum, den schon
Welcker als solchen gekennzeichnet hat [16]); der Fehler — Krotopos für Koroibos — beruht entweder auf einem Versehen des
Photios oder seines Abschreibers, und kann bei der sonstigen Übereinstimmung nicht als andere Wendung der Sage gelten, wie Knaack
gewollt hat.

In drei Geschichten hat sich eine weitgehende Übereinstimmung
des Konon mit Pausanias gezeigt. Es fragt sich nunmehr, was aus
dieser Übereinstimmung zu schliessen ist. Der Zeit nach erscheint
es ja möglich, dass der Perieget unseren Schriftsteller ausgeschrieben
hat, im übrigen aber ist diese Annahme mit Sicherheit von der
Hand zu weisen. Konons Schrift eignete sich, wie in der Einleitung
ausgeführt wurde, aus mancherlei Gründen nicht zur Benutzung.
Auch liesse sich in 18 die Variante Leonymos bei Pausanias für
Autoleon bei Konon schwer erklären, wenn man annähme, dass
Konon dem Pausanias vorgelegen habe, da der erstere niemals Namenvarianten giebt. Kurz, wir sind genötigt, die betreffenden Geschichten
als aus gemeinsamer Quelle geflossen zu betrachten. Ist nun bei
Konon-Pausanias das eine Mal die Palinodie des Stesichoros, das
andere Mal das Beil des Tennes, das dritte Mal die Gründung von
Tripodiskos die Pointe der Erzählung, so ist klar, dass dies schon
bei dem gemeinsamen Gewährsmann der Fall war. Wir können hieraus den wichtigen Schluss ziehen, dass Konon die ätiologische Zuspitzung, welche vielen seiner Geschichten eigen, nicht etwa selbst
vorgenommen hat, sondern in seiner Quelle vorfand. Damit ist
freilich nicht gesagt, dass nun alle Geschichten des Konon, welche
ätiologisch gewandt sind, aus einem und demselben Autor stammen;
er könnte sie sich vielmehr aus den verschiedensten Schriften ausgewählt haben. Die drei behandelten Geschichten zeigen indessen

---

16) Kleine Schriften I 17 A. 23.

ausser dem gemeinsamen Charakter die gemeinsame Übereinstimmung mit Pausanias, und hierdurch wird es zur Sicherheit, dass sie aus ein und derselben Quelle stammen, einem Buche demnach, welches Sagenerzählungen in ätiologischer Bearbeitung bot. Der Verfasser dieses Buches hat für die Linossage den Kallimachos benutzt.[17])

Vorläufig wollen wir uns genügen lassen, den Charakter einer der Hauptquellen Konons festgestellt zu haben.. Bestätigt hat sich durch die Vergleichung der drei Erzählungen mit Pausanias, was wir in der Einleitung bereits aus Beobachtungen allgemeinerer Art schlossen, dass der Autor sich eng an seine Vorlage angeschlossen hat. Die Vergleichung von 18 und 28 mit Pausanias ergiebt zugleich, dass Photios sorgfältig exzerpiert haben muss; den Eindruck der Lückenhaftigkeit macht nur 19.[18])

Auf die Frage, in welchem Umfang Konon mythologische „Handbücher" benutzt habe, wird später zurückzukommen sein. Nunmehr gehen wir zur Behandlung der Geschichten über, welche bestimmten Autoren zugewiesen werden können, wobei wir es vielfach zunächst ganz dahingestellt sein lassen, ob Konon sie direkt benutzt hat oder nicht.

Timaios.

V.

Konon ist nicht der Einzige, der die Begebenheit erzählt. Antigonos hist. mir. 1 und Strabon VI 260[19]), teilweise fast wörtlich mit Konon übereinstimmend, nennen beide als Quelle den Timaios, so dass auch Konons Erzählung sicher auf ihn zurückzuführen ist. Die Übereinstimmung ist längst bemerkt worden, und den notwendigen

---

17) Wenn, wie wir glauben, Knaack damit Recht hat, dass das Aition der Elegie Ἀρνεῖος μήν war, wird schon hierdurch wahrscheinlich, dass Konon und Pausanias den Kallimachos nur durch eine Mittelquelle benutzten, da bei beiden die Pointe die Gründung von Tripodiskos ist.

18) Dass diese Erzählung lückenhaft, hat auch Knaack gefühlt, s. seine Analecta 27 f. Anm. 37.

19) Vgl. Pausan. VI 6,4; Aelian. nat. an. V 9; Plinius n. h. XI 27,95; Paulus Silentar. Anth. Pal. VI 54; Clemens Alex. Protrept. I 1 p. 2 Dind. — Für κλήρου bei Strabon schreibt Kothe, Jahrbücher 1888 (Bd. 137) S. 826 κλάδου; zur Erklärung d. Sage vgl. Ambros Gesch. d. Musik I 440.

Schluss hat E. Holzer Matris, ein Beitrag zur Quellenkritik Diodor's (Progr. d. Tübinger Gymn. 1880) p. 19 Anm. gezogen.

Conon	Antigonos	Strabon
Ἡ ἑ περὶ Ῥηγίνου καὶ Εὐνόμου τοῦ Λοκροῦ τῶν κιθαρῳδῶν τὴν ἱστορίαν ποιεῖται, καὶ ὡς εἰς Δελφοὺς ἀφίκοντο· καὶ ὅτι ποταμῷ διοριζόμενοι Ῥηγῖνοί τε καὶ Λοκροὶ (Ἄληξ ὄνομα τῷ ποταμῷ) οἱ μὲν ἀφώνους, ἡ δὲ Λοκρὶς ᾄδοντας ἔχει τοὺς τέττιγας· καὶ ὡς ἐρίζων Εὔνομος τῷ Ῥηγίνῳ τέττιγος ᾠδῇ κρατεῖ τοῦ ἀνταγωνιστοῦ. ἑπταχόρδου γὰρ τότε τῆς ἁρμονίας οὔσης καὶ μιᾶς ῥαγείσης τῶν χορδῶν, τέττιξ ἐπιπτὰς τῇ κιθάρᾳ τὸ λεῖπον ἀνεπλήρωσε τῆς ᾠδῆς.	Τίμαιος ... φησὶ τοὺς Λοκροὺς καὶ τοὺς Ῥηγίνους ὁρίζοντος Ἄληκος καταλουμένου ποταμοῦ τῶν τεττίγων τοὺς μὲν ἐν τῇ Λοκρικῇ ᾄδειν, τοὺς δὲ ἐν τῇ Ῥηγίνων ἀφώνους εἶναι ... ἀφικομένων γὰρ εἰς Δελφοὺς κιθαρῳδῶν Ἀρίστωνος μὲν ἐκ Ῥηγίου, παρὰ δὲ Λοκρῶν Εὐνόμου, καὶ περὶ τοῦ κλήρου πρὸς ἑαυτοὺς εἰς ἀντιλογίαν ἐλθόντων, ... ἐνίκησεν Εὔνομος ὁ Λοκρὸς παρὰ τοιαύτην αἰτίαν· ᾄδοντος αὐτοῦ μεταξὺ τέττιξ ἐπὶ τὴν λύραν ἐπιπτὰς ᾖδεν, ἡ δὲ πανήγυρις ἀνεβόησεν ἐπὶ τῷ γεγονότι καὶ ἐκέλευσεν ἐᾶν.	Φησὶ δὲ Τίμαιος Πυθίοις ποτε ἀγωνιζομένους τοῦτόν τε (sc. Εὔνομον) καὶ Ἀρίστωνα Ῥηγῖνον ἐρίσαι περὶ τοῦ κλήρου ... νικῆσαι μέντοι τὸν Εὔνομον καὶ ἀναθεῖναι τὴν λεγθεῖσαν εἰκόνα ἐν τῇ πατρίδι, ἐπειδὴ κατὰ τὸν ἀγῶνα μιᾶς τῶν χορδῶν ῥαγείσης ἐπιπτὰς[20]) τέττιξ ἐκπληρώσειε τὸν φθόγγον.

Hellanikos.

XXI. XII.

Dass die Erzählungen 12 und 21 derselben Quelle entstammen, lässt sich vermuten, sobald man den Inhalt ansieht. Sie behandeln die Geschichte des Stammes der Dardaniden, 21 die des Dardanos,

---

[20] ἐπιπτὰς hat für ἱπτὰς Holzer a. a. O. emendiert.

12 die weitere bis auf Ilos. Zunächst mag mit Konon Apd. III 12,1 zusammengestellt werden.

Konon XXI	Apollodoros
Δάρδανος καὶ Ἰασίων παῖδες ἤστην Διὸς ἐξ Ἡλέκτρας τῆς Ἀτλαντίδος... ἀλλ' ὁ μὲν Ἰασίων φάσμα Δήμητρος κισσῦναι βουληθεὶς ἐκεραυνώθη, Δάρδανος δὲ ἐπὶ τἀδελφῷ συγχυθεὶς εἰς τὴν ἀντιπέρα γῆν... διαβαίνει. εἶχε δὲ τὸ κράτος τότε τῆς χώρας ὁ Σκαμάνδρου τοῦ ποταμοῦ καὶ νύμφης Τεύκρος, ἐξ οὗ Τεῦκροί τε οἱ οἰκήτορες καὶ Τευκρία ἡ γῆ·	Ἡλέκτρας δὲ τῆς Ἄτλαντος καὶ Διὸς Ἰασίων καὶ Δάρδανος ἐγένοντο. Ἰασίων μὲν οὖν ἐρασθεὶς Δήμητρος καὶ θέλων καταισχῦναι τὴν θεὸν κεραυνοῦται, Δάρδανος δὲ ἐπὶ τῷ θανάτῳ τοῦ ἀδελφοῦ λυπούμενος Σαμοθρᾴκην ἀπολιπὼν εἰς τὴν ἀντιπέρα ἤπειρον ἦλθε. ταύτης δὲ ἐβασίλευε Τεῦκρος ποταμοῦ Σκαμάνδρου καὶ νύμφης Ἰδαίας, ἀφ' οὗ καὶ οἱ τὴν χώραν νεμόμενοι Τεῦκροι προσηγορεύοντο.

Wir sind gezwungen eine gemeinschaftliche Vorlage anzunehmen. Heyne bemerkt zu Apollodoros nostrum (Apollodorum) Pherecydem fere secutum esse; worauf die Vermutung beruht, ist nicht klar. Dagegen lässt sich die Erzählung des Konon zum grössten Teil aus Bruchstücken des Hellanikos zusammensetzen. Schol. Hom. ε 125 = Hellanikos Fr. 58 lautet: Ἦν Κρὴς ὁ Ἰασίων. Ἑλλάνικος δὲ Ἠλέκτρας καὶ Διὸς αὐτὸν γενεαλογεῖ. Wohl mit Recht hat der Fragmentsammler das Bruchstück zur Atlantis des Schriftstellers gesetzt, jedenfalls aber war von diesen Dingen, wie natürlich, in den Τρωικά die Rede, und zwar im ersten Buch, s. das Scholion zu Apollonios Rhod. I 916: Ἐκεῖ (sc. ἐν Σαμοθρᾴκῃ) ᾤκει Ἠλέκτρα ἡ Ἄτλαντος, καὶ ὠνομάζετο ὑπὸ τῶν ἐγχωρίων Στρατηγίς· ἥν φησιν Ἑλλάνικος Ἠλεκτρυώνην καλεῖσθαι. Ἐγέννησε δὲ τρεῖς παῖδας, Δάρδανον τὸν εἰς Τροίαν κατοικήσαντα... καὶ Ἠετίωνα, ὃν Ἰασίωνα ὀνομάζουσι· καὶ φασι κεραυνωθῆναι αὐτὸν ὑβρίζοντα ἄγαλμα τῆς Δήμητρος· τρίτην δὲ ἔσχεν Ἁρμονίαν[21])... ἱστορεῖ

---

21) Vgl. schol. in Eurip. Phoen. 7 u. 1129. C. Robert de Apollodori bibliotheca p. 90 geht zu weit, wenn er gegen die Benutzung des Hellanikos in der Bibliothek u. a. anführt, dass Hellanikos den beiden Söhnen der Elektra noch eine Schwester Harmonia gebe; s. darüber Wellmann in den Commentationes philologae in honorem sodalitii philol. Gryph. (Berlin 1887) 59,11. Auch W. ist durch Vergleichung mit der Bibliothek zu dem Schluss gelangt, dass Konon XXI auf Hellanikos zurückgehe.

Ἑλλάνικος ἐν πρώτῳ Τρωικῶν. — Konon und Apollodoros fahren nun fort:

Conon	Apollodoros
ᾧ κατὰ λόγους συνελθὼν Δάρδανος λαμβάνει τὴν ἡμίσειαν, καὶ πόλιν, ἐν ᾧ τῆς σχεδίας ἀπέβη, κτίζει Δαρδανίαν. ὕστερον δὲ τελευτήσαντος Τεύκρου ἡ πᾶσα τῆς χώρας εἰς αὐτὸν ἀρχὴ περιῆλθεν.	ὑποδεχθεὶς δὲ ὑπὸ τοῦ βασιλέως, καὶ λαβὼν μέρος τῆς γῆς καὶ τὴν ἐκείνου θυγατέρα Βάτειαν, Δάρδανον ἔκτισε πόλιν, τελευτήσαντος δὲ Τεύκρου τὴν χώραν ἅπασαν Δαρδανίαν ἐκάλεσε.

Die Mitteilung, dass Dardanos die Tochter des Teukros heiratet, ist bei Konon ausgefallen. Aber Bateia, wie sie in der Bibliothek heisst, nannte sie auch Hellanikos, s. Stephanos Byz. v. Ἀρίσβη: Κεφάλων δέ φησιν ὅτι Δάρδανος ἀπὸ Σαμοθράκης ἐλθὼν εἰς τὴν Τρωάδα τὴν Τεύκρου τοῦ Κρητὸς θυγατέρα γαμεῖ Ἀρίσβην. Ἑλλάνικος δὲ Βάτειαν αὐτήν φησιν. Und bei Stephanos s. v. Βάτεια werden wir wieder auf das erste Buch der Τρωικὰ des Hellanikos hingewiesen. Βάτεια, τόπος τῆς Τροίας ὑψηλός. κέκληται ἀπὸ Βατείας τινός, ὡς Ἑλλάνικος ἐν πρώτῃ Τρωικῶν. [22])

---

22) In ähnlicher Fassung, ebenfalls teilweise wohl auf Hellanikos zurückgehend, findet sich die Sage bei anderen, s. C. Mueller zu fr. 129 u. Wellmann in den Commentationes. Ganz ähnlich wie Konon und Apollodor, nur kürzer, Strabon VII fr. 50. Dem von Strabon Gegebenen entspricht wieder vollkommen Pseudo-Skymnos 682 ff. Nach dem von C. Mueller aufgestellten Grundsatz (Geogr. Gr. Min. I 207), den ich für durchaus richtig halte und an welchem meines Wissens bisher nicht gerüttelt worden ist, hat also Pseudoskymnos sowohl als Strabon den Ephoros benutzt, der demnach sich eng an Hellanikos angeschlossen haben muss. Die nächstliegende Annahme, beide Schriftsteller hätten aus Hellanikos geschöpft, kann nicht bestehen, da der Verfasser der Periegese denselben nicht benutzt hat. — Eine von den bisher genannten Stellen abweichende Fassung bieten schol. Plat. Tim. 22 A p. 366 Herm. und schol. Lyc. Alex. 72: Dardanos kommt in Folge einer grossen Flut nach Asien. Wellmann, de Istro Callimachio, Diss. Gryph. 1886 S. 51 Anm. 51 nimmt für diese Notiz gleichwohl dieselbe Quelle an wie für Apollodor. Seine Erklärung findet dies Verhältnis — die Begründung der Annahme mag man bei Wellmann nachlesen — in der kompilatorischen Art des benutzten Kompendiums und in der Art der Benutzung: abweichende Züge, beiläufig angeführt, wurden zur Erzählung selbst, s. Schwartz de scholiis Homericis ad historiam fabularem pertinentibus (Leipzig 1881) S. 454 ff.

Dass in der 21. Erzählung des Konon Hellanikos verarbeitet ist, dürfte nunmehr erwiesen sein. Dadurch gewinnen wir festeren Boden für die Beurteilung von 12. Spricht schon, wie oben bemerkt wurde, der Inhalt dafür, dass 12 aus der nämlichen Quelle geflossen sei wie 21, so sehen wir nun, dass das von Konon in 12 Gegebene sich bei Apollodor an die Erzählung von Dardanos anschliesst, indem in der Bibliothek die Genealogie von Zeus gleich bis auf Ilos, den Gründer von Ilion, herabgeführt wird. Also Apollodor III 12,1 = Konon 21, Apollodor III 12, 2.3 = Konon 12.

Wiederum finden wir in den wesentlichen Punkten Übereinstimmung: nennt Apollodor einen zweiten Ilos, Bruder des Erichthonios, so ist dies nicht als Abweichung zu bezeichnen, wie Kanne gemeint hat (S. 89). Auch die geringe Verschiedenheit am Schluss: bei Konon besiegt Ilos den Bebrykerkönig Byzos [23] in der Schlacht, bei Apollodor den Phrygerkönig im Ringkampf, verdient nur als Variante Erwähnung.

In der Genealogie des Dardanidenstammes, welche Homer giebt XX 219 ff, fehlt noch der Name der Kallirrhoë. Hellanikos aber gab den Namen schon, wofür wir wieder ein Zeugnis haben im Scholion zur Ilias XX 232: Τρωός· καὶ Καλλιρρόης τῆς Σκαμάνδρου, ὡς Ἑλλάνικος. [24])

Hegesianax.

XXIII.

Wann und durch wen die Erzählung von Paris und Oinone, dem Dichter der Ilias und Odyssee noch fremd, in den troischen Sagenkreis Eingang gefunden habe, ist ungewiss; gewiss aber, dass Hellanikos die Sage behandelte, welche des Weiteren bei den hellenistischen Dichtern ein beliebter Stoff wurde, dessen Behandlung durch sie teils unmittelbar (Lykophron) vorliegt, teils mittelbar durch Spätere, wie Ovid und Quintus Smyrnaeus einigermassen kenntlich wird. Das Wichtigste über die Entwicklung der Sage findet man bei Rohde (Griechischer Roman 109 ff u. Anm.).

---

23) Vgl. Stephanos s. v. Βυζναῖοι, ἔθνος Βεβρύκων, ἀπὸ Βύζνου βασιλέως αὐτῶν ὑπὸ Ἴλου φονευθέντος.

24) Das Fragment fehlt bei Mueller.

Dass Konon mit Parthenios, welcher der Sage zwei Erzählungen (IV Oinone, XXXIV Korythos) gewidmet hat, fast durchweg übereinstimmt, ist längst bemerkt worden (s. z. B. Potter zu Lykophron 58); wie weit die Übereinstimmung geht, zeigt folgende Stelle (Paris bittet durch einen Boten um Beistand):

Konon	Parthenios
ἡ δὲ ὑβριστικῶς μάλα τὸν κήρυκα διωσαμένη πρὸς Ἑλένην ἰέναι Ἀλέξανδρον ἐξωνείδιζε. καὶ Ἀλέξανδρος μὲν ... τελευτᾷ, τὴν δὲ ... μετάμελος ὅμως δεινὸς εἶχε, καὶ δρεψαμένη τῆς πόας ἔθει φθάσαι ἐπειγομένη.	ἡ δὲ αὐθαδέστερον ἀπεκρίνατο, ὡς χρὴ παρ' Ἑλένην ἰέναι κἀκείνης δεῖσθαι, αὐτὴ δὲ μάλιστα ἠπείγετο, ἔνθα δὴ ἐπέπυστο κεῖσθαι αὐτόν.

Erst recht deutlich wird die Übereinstimmung, wenn man Konon-Parthenios mit dem Bericht der Bibliothek III 12,6 vergleicht; derselbe ist weit gedrängter, zumal im ersten Teil der Geschichte — Korythos findet keine Erwähnung —, doch sind die Hauptzüge durchaus dieselben. Aber der Verfasser der Bibliothek erzählt ganz nüchtern πολεμουμένης δὲ Τροίας τοξευθέντα ὑπὸ Φιλοκτήτου τόξοις Ἡρακλείοις πρὸς Οἰνώνην ἐπανελθεῖν εἰς Ἴδην, ἡ δὲ μνησικακοῦσα θεραπεῦσαι οὐκ ἔφη. So fehlte denn in der Vorlage dieser Stelle die Szene, welche im Liebesdrama bei Konon-Parthenios den Höhepunkt der Verwicklung bezeichnet, die Szene zwischen Oinone und dem Boten des Paris, die wie kein anderer Punkt die Vermutung Welckers (Griech. Trag. 1146, vgl. Rohde 110), dass hier eine Tragödie zugrunde liege, zu stützen scheint. (Auch bei Quintus Smyrn. X fehlt diese Szene.)

Läge aber auch keine bis ins Einzelne gehende Ähnlichkeit zwischen Konon und Parthenios vor, zeigte nur die Erzählung im Grossen und Ganzen dieselben Züge, so wären wir schon berechtigt, die zum Glück den Erzählungen des Parthenios beigeschriebenen Quellenangaben für Konon zu verwerten.[25]) Zu IV lesen wir: Ἱστορεῖ Νίκανδρος ἐν τῷ περιποιήτωι (so die Hs.) καὶ Κεφάλων

---

25) Die Ehrlichkeit des Verfassers derselben hat Rohde Gr. R. 115 u. Anm. 2 mit Recht hervorgehoben; freilich dürfen wir nicht annehmen, dass Parthenios immer gerade die betreffenden Autoren ausgeschrieben habe, sondern nur, dass bei denselben die Sage im Wesentlichen so gewandt war wie im betr. Kapitel des Parthenios.

ὁ Γεργίθιος ἐν Τρωικοῖς, zu XXXIV: Ἱστορεῖ Ἑλλάνικος Τρωικῶν καὶ Κεφάλων ὁ Γεργίθιος. Hiermit haben wir zu rechnen, auf die Gefahr hin freilich, nur den Gewährsmann zu ermitteln, den Konon möglicherweise ausgeschrieben hat.

Was zunächst Hellanikos anlangt, so ist es klar, dass er als Gewährsmann Konons hier nicht in Frage kommen kann, da die Fassung, in welcher unser Schriftsteller die Sage giebt, die Behandlung derselben durch einen Späteren zur Voraussetzung hat. Wohl aber mag auf Hellanikos zurückgehen, was Apollodor erzählt; dies anzunehmen sind wir berechtigt, nachdem die Benutzung der Τρωικά des Hellanikos bei Apollodor erwiesen ist (s. oben Anm. 21). —
Wie steht es mit Nikandros? Auch er kann als Quelle für Konon nicht in Betracht kommen, denn bei Parthenios XXXIV lesen wir: Νίκανδρος μέντοι τὸν Κόρυθον οὐκ Οἰνώνης ἀλλὰ Ἑλένης καὶ Ἀλεξάνδρου φησὶν γενέσθαι λέγων ἐν τούτοις·

ἠρία τ' εἰν Ἀϊδαο κατοιχομένου Κορύθοιο,
ὅν τε καὶ ἁρπακτοῖσιν ὑποδμηθεῖσ' ὑμεναίοις
Τυνδαρὶς αἰν' ἀχέουσα κακὸν γόνον ἤρατο βούτεω.

Zwar ist die Aussage des Parthenios, bei Nikandros sei Korythos nicht der Oinone, sondern der Helena Sohn gewesen, von Welcker[26]) beanstandet worden; Parthenios, so meint er, habe den Dichter nicht richtig verstanden; doch dürfen wir ohne zwingende Gründe schwerlich solchem Mistrauen Raum geben.

Überdies steht Nikandros gar nicht einmal allein, denn das Odysseescholion zum δ 11 besagt: οἱ δὲ νεώτεροι Ἑλένης μὲν καὶ Ἀλεξάνδρου Κόρυθον ἢ Ἕλενον.

Bleibt übrig Kephalon von Gergithos. Wir wissen aber aus Athenaeus IX 393 D, dass die demselben zugeschriebenen Τρωικά in Wirklichkeit Hegesianax verfasst hat; so ist statt des Kephalon Hegesianax als mutmasslicher Gewährsmann des Konon anzusetzen.[27])

---

26) Die Griechischen Tragödien 1146,1. Einen Vorgänger hat Welcker hierin schon in Potter gehabt, der in seinem Commentar zu Lykophron 58 (S. 123) an der Stelle herumkonjiziert, schliesslich aber doch vorzieht, den von Parthenios angegebenen Sinn beizubehalten. — Zur Erklärung der Stelle vgl. O. Schneider Nicandrea zu Fr. 108.

27) In einer der Thesen seiner Dissertation Demetrii Scepsii quae supersunt hat R. Gaede die Ansicht ausgesprochen, dass Konon für XXIII und XLVI des Hegesianax Troica benutzt habe.

Andron.

XXVII.

Conon:	Bibliothek:
.. Δευκαλίωνος ... ὃς ἐβασίλευσε τῆς Φθιώτιδος, καὶ τοῦ κατ' αὐτὸν τῆς Ἑλλάδος κατακλυσμοῦ· καὶ περὶ Ἕλληνος τοῦ παιδὸς αὐτοῦ, ὃν ἔνιοι τοῦ Διὸς παῖδα εἶναί φασιν	I 7,2: Δευκαλίων βασιλεύων τῶν περὶ τὴν Φθίαν τόπων (III 8,2, III 14,5 ὁ ἐπὶ Δευκαλίωνος κατακλυσμός) I 7,2: γίνονται δὲ ἐκ Πύρρας Δευκαλίωνι παῖδες Ἕλλην μὲν πρῶτος, ὃν ἐκ Διὸς γεγεννῆσθαι ἔνιοι λέγουσι

Der Bericht des Apollodoros über die Flut des Deukalion und seinen Stamm wäre nach Robert a. a. O. 70 f. aus Akusilaos geflossen, der des Hesiodos Nachrichten ergänzte. Konon selbst aber folgt hier nachweislich einem anderen, der seinerseits des Akusilaos Genealogien zu grunde gelegt haben mag. Vergleichen wir Konon mit Strabon.

Conon:	Strabon VIII p. 383:
ὧν (von d. drei Söhnen) Αἴολον μὲν τὸν πρῶτον βασιλεύειν ἐδικαίωσεν ἧς ἦρχε γῆς, Ἀσωπῷ καὶ Ἐνιπεῖ δυσὶ ποταμοῖς τὴν ἀρχὴν διορισάμενος, ἐξ οὗ τὸ Αἰολικὸν κατάγεται γένος. Δῶρος δ' ὁ δεύτερος μοῖραν τοῦ λαοῦ λαβὼν παρὰ τοῦ πατρὸς ἀποικίζεται καὶ ὑπὸ τὸν Παρνασσὸν τὸ ὄρος κτίζει πόλεις Βοιόν, Κυτίνιον, Ἐρινεόν, ἐξ οὗ Δωριεῖς· ὁ δὲ νεώτατος <Ξοῦθος> Ἀθήναζε ἀφικόμενος κτίζει τετράπολιν καλουμένην τῆς Ἀττικῆς ... καὶ τίκτει Ἀχαιὸν καὶ Ἴωνα. καὶ ὁ μὲν Ἀχαιὸς ἀκούσιον φόνον ἐργασάμενος ἡλάθη καὶ εἰς Πελοπόννησον ἐλθὼν Ἀχαΐαν κτίζει τετράπολιν, ἐξ οὗ Ἀχαιοί.	τοῦτον (sc. Ἕλληνα) δὲ περὶ τὴν Φθίαν τῶν μεταξὺ Πηνειοῦ καὶ Ἀσωποῦ δυναστεύοντα τῷ πρεσβυτάτῳ τῶν παίδων παραδοῦναι τὴν ἀρχήν ... ὧν (ceterorum) Δῶρος μὲν τοὺς περὶ Παρνασσὸν Δωριέας συνοικίσας κατέλιπεν ἐπωνύμους αὐτοῦ, Ξοῦθος δὲ τὴν Ἐρεχθέως θυγατέρα γήμας ᾤκισε τὴν τετράπολιν τῆς Ἀττικῆς, τῶν δὲ τούτου παίδων Ἀχαιὸς μὲν φόνον ἀκούσιον πράξας ἔφυγεν εἰς Λακεδαίμονα καὶ Ἀχαιοὺς τοὺς ἐκεῖ κληθῆναι παρεσκεύασεν.

Die Übereinstimmung fällt so in die Augen, dass sich der Schluss daraus ohne Weiteres ergiebt. Dass beide Schriftsteller dieselbe Vorlage ausgeschrieben haben müssen, hat auch der treffliche Grote in der Geschichte Griechenlands (Neue Ausg.) I 72,14 schon bemerkt. Fragt man nun nach Strabons Quelle, so bietet sich die Stelle X 475 f. dar; er sagt hier: ἐξ ἧς (Δωρίδος) ὡρμήθησαν, ὥς φησιν (sc. Ἄνδρων), οἱ περὶ τὸν Παρνασσὸν οἰκήσαντες Δωριεῖς καὶ ἔκτισαν τήν τε Ἐρινεὸν καὶ Βοιὸν καὶ Κυτίνιον, und weiter: οὐ πάνυ δὲ τὸν τοῦ Ἄνδρωνος λόγον ἀποδέχονται, τὴν μὲν τετράπολιν Δωρίδα τρίπολιν ἀποφαίνοντος, τὴν δὲ μητρόπολιν τῶν Δωριέων ἄποικον Θετταλῶν. Wir erfahren hier, dass Andron von dem landläufigen Bericht, welcher von einer dorischen Tetrapolis sprach, sich entfernt habe; den letzteren giebt Strabon an anderer Stelle auch wieder, IX 427: οὗτοι (Δωριεῖς) μὲν οὖν εἰσιν οἱ τὴν τετράπολιν οἰκήσαντες, ἥν φασιν εἶναι μητρόπολιν τῶν ἁπάντων Δωριέων, πόλεις δ' ἔσχον Ἐρινεόν, Βοιόν, Πίνδον, Κυτίνιον. Dies stammt aus Ephoros (den Strabon auch auf derselben Seite nennt), wie die Übereinstimmung mit Pseudoskymnos 582 ff. zeigt. Strabon also, der an der angeführten Stelle des B. VIII drei dorische Städte nennt, hat sich dort an Andron angeschlossen, und somit ist von Konon dasselbe zu sagen.

Kallimachos.

XLIX.

Die Sage vom Auftauchen der Insel Anaphe aus dem Meere, auf den Kult des Apollon Aigletes sich beziehend, lässt sich vor der Alexandrinerzeit nicht nachweisen. Unter den Alexandrinern aber haben Kallimachos und Apollonios die Sage behandelt. Einen Niederschlag der Behandlung in hellenistischer Zeit haben wir bei Apollodor I 9,26 und Konon.[28])

Eng mit Konon sich berührend erzählt Apollodor. Anlässlich seiner Beweisführung dafür, dass der Bericht der Bibliothek über die Argonautensage zum grössten Teil aus Apollonios von Rhodos geflossen sei, stellte nun C. Robert de Apollodori bibliotheca zusammen

---

28) Ganz kurz Stephanos Byz. s. v. Ἀνάφη; abweichend Kornutos 32 (p. 226 ed. Gale 1688).

bibl. 33,8—17 (d. h. I 9,26, 1.2) mit den Argonautika δ 1694—1730. Indessen finden sich Abweichungen, welche eine andere Erklärung notwendig machen, als die Abhängigkeit des Apollodoros von Apollonios. Auf eine solche Abweichung hat bereits E. Schwartz de Dionysio Scytobrachione p. 19 aufmerksam gemacht: die Worte der Bibliothek Ἀπόλλων δὲ . . . τοξεύσας τῷ βέλει εἰς τὴν θάλασσαν κατήστραψεν weichen von Apollonios ab. Diese Beobachtungen lassen sich leicht vermehren. Der Dichter lässt die Argonauten, nachdem sie von Kreta abgefahren sind, vom Sturm überfallen werden, während der Vf. der Bibliothek sie nach der Begebenheit auf Anaphe nach Kreta gelangen lässt. Weiteres hat G. Knaack im Programm des Marienstiftsgymnasiums zu Stettin 1887 S. 1 f. aufgedeckt.

Der Schluss ist unabweisbar: Konon und Apollodor folgen ein und derselben Quelle und zwar nicht dem Apollonios. Dass diese Quelle Kallimachos ist, liegt nahe; den Beweis hat der verdiente sospitator hellenistischer Dichtung, G. Knaack, in der ebenerwähnten Abhandlung erbracht. Den Ausgangspunkt bildete Fr. 113a Αἰγλήτην Ἀνάφην τε Λακωνίδι γείτονα Θήρῃ; im übrigen hatte schon O. Schneider einige namenlose Fragmente scharfsinnig zu unserer Geschichte in Beziehung gesetzt (s. bes. II 78 ff. 94 f.).

Kallimachos gab (im zweiten Buch der Aitien: Knaack p. 5) das Aition der Namen Aigletes und Anaphe. Was war die Absicht der gemeinsamen Quelle des Konon und Apollodor? Gegeben wird die Etymologie des Namens Ἀνάφη (ἀναφαίνειν); dagegen hatte der Gewährsmann für die des Namens Αἰγλήτης kein Interesse: das Wort αἴγλη steht bei keinem von beiden. Konon will vielmehr berichten, warum im Heiligtum des Apollon Aigletes σὺν τωθασμῷ οἱ ἐπιχώριοι θύουσι: das lehrt Anfang und Ende seiner Erzählung. Und gleichermassen läuft die Erzählung in der Bibliothek aus: ὅθεν ἔτι καὶ νῦν ἐν τῇ θυσίᾳ σύνηθές ἐστι σκώπτειν γυναιξίν.

Also Entstehung eines seltsamen Brauches.

Apollonios von Rhodos.

II.

Erwin Rohde hat in seiner Geschichte des griechischen Romans die Sage von Kaunos und Byblis mit gewohntem Scharfsinn behandelt (95 f. Anm. 1).

Er hat die Sagenversionen folgendermassen geschieden: A. Verwandlung ohne Selbstmord, B. Selbstmord ohne Verwandlung. In die erste Rubrik gehören danach Ovid. Met. IX 451 ff, Nonnos Dionys. XIII 546 ff, in die zweite Parthenios (Fr. 32 Mein.) in der XI. Erzählung. Freilich lässt sich diese Scheidung weiter nicht durchführen: verschmolzen sind beide Versionen bei Nikandros, bei Antoninus Lib. 30, im Scholion zu Theokritos VII 115, bei Konon. Wie Nikainetos (bei Parthenios XI), Aristokritos und Apollonios, beide von dem unbekannten Grammatiker zu Parthenios zitiert, die Sage gewandt haben, musste Rohde dahingestellt sein lassen.

Mit Beziehung auf Konon hat jüngst Georg Knaack [29]) die Sage wiederum behandelt. Die Scheidung der Versionen betreffend hat er bemerkt — was übrigens auch Rohde nicht entgangen ist —, dass nach der älteren Gestalt der Sage die verbrecherische Liebe von Kaunos ausgeht [30]); so erzählt auch Konon.

Wir können uns begnügen, Knaack's einfache Beweisführung wiederzugeben. Eine Vergleichung von Konon mit Parthenios XI ergiebt, dass beide Schriftsteller höchst wahrscheinlich eine und dieselbe Vorlage gehabt haben. Für einen Teil seiner XI. Erzählung führt Parthenios selbst den Nikainetos als Quelle an; dieser kann aber nicht Quelle des Konon sein, da seine Erzählung weit einfacher als die des Konon ist; auch lässt Nikainetos den Kaunos selbst die Stadt gleichen Namens gründen. Ausser diesem Dichter ist ein anderer Bericht in Parthenios' Erzählung verarbeitet; seine Worte φασὶ δέ τινες καὶ ἀπὸ τῶν δακρύων κρήνην ῥυῆναι ἰδίᾳ τὴν καλουμένην Βυβλίδα stimmen vortrefflich zu Konons ἔνθα δὴ κλαιούσης αὐτῆς ἐρρύη τὰ δάκρυα καὶ κρήνην ἀνῆκε, Βυβλίδα τοῖς ἐπιχωρίοις ὄνομα. Die Randnotiz zu Parthenios besagt: Ἱστορεῖ Ἀριστόκριτος περὶ Μιλήτου καὶ Ἀπολλώνιος ὁ Ῥόδιος Καύνου κτίσει. Einen weiteren Anhaltspunkt gewährt der Name Aigialos, welcher bei Parthenios I wiederkehrt; die Autorenangabe zu dieser Geschichte aber lautet: Ἡ ἱστορία παρὰ Νικαινέτῳ ἐν τῷ Λύρκῳ καὶ Ἀπολλωνίῳ Ῥοδίῳ Καύνῳ. Konons Erzählung gipfelt in der Grün-

---

29) Callimachea. Osterprogramm des Marienstifts-Gymnasiums zu Stettin 1887 p. 14 ff.

30) Der Ausdruck Καύνος ἔρως (Aristot. Rhet. II 25) bezeichnet natürlich eine von Kaunos ausgehende Liebe. Bei Steph. Byz. ist die Bedeutung schon verwischt, s. v. Καῦνος.

dung von Kaunos, welche Apollonios behandelt hat; so werden wir diesen als Quelle zu betrachten haben [31]. Die Möglichkeit bleibt offen, dass auch Aristokritos irgendwie in der Erzählung verarbeitet ist.

XI.

Die Erzählung von dem sonderbaren Brauch der Bewohner der Stadt Lindos auf Rhodos, welche dem Herakles μετὰ ἀρᾶς zu opfern pflegen, kehrt in teils kürzerer, teils ausführlicherer Fassung wieder bei Apollodor II 5, 11,8, Lactantius inst. div. I 21, Philostratos imag. II 24 [32]). Die Ähnlichkeit zwischen diesem Abenteuer des Herakles und dem mit Theiodamas Apd. II 7, 7,1 hatte Knaack veranlasst, in den Callimachea p. 12 die beiden genannten Stellen der Bibliothek auf Kallimachos zurückzuführen, der nach dem Scholion zu Apollonios von Rhodos I 1212 die trachinische Sage bearbeitet hat. Danach wäre auch Konons Bericht anf Kallimachos zurückzuführen gewesen. Indessen hat Knaack im Hermes XXIII S. 139 ff seine Ansicht modifiziert: Philostratos hat ein mythologisches Handbuch benutzt, in welchem die Sagen im wesentlichen nach hellenistischen Bearbeitungen erzählt waren; für die Sage vom lindischen Bauern lässt sich die Annahme der Autorschaft des Kallimachos nicht aufrecht erhalten. Mit Rücksicht darauf aber, dass wir eine rhodische Lokalsage vor uns haben, hat Knaack des Apollonios ʹΡόδου κτίσις als Quelle vermutet; nachdem in der vorher besprochenen Geschichte sicherere Spuren auf den Rhodier geführt haben, werden wir diese Vermutung für keine zu gewagte erklären.

---

31) Dagegen könnten nur sprechen die Verse des hellenistischen Dichters bei Cramer Anecd. Par. IV 16, wovon einen Tzetzes zu Lyk. 1285 dem Apollonios zuschreibt, die nach Meinekes Vermutung Analecta Alexandrina p. 402 aus der Καύνου κτίσις stammen. Danach waren die Karer ein Seefahrervolk, kein ἔθνος μέγα κωμηδὸν οἰκοῦντες wie Konon berichtet.

32) Vgl. Zenob. IV 95 Λίνδιοι τὴν θυσίαν. παροιμία ἐπὶ τῶν δυσφήμως ἱερουργούντων κτλ. u. Anm. — Hierher gehört auch Origenes c. Cels. VII p. 368: δακνύτω δὲ εἰ θείας τιμῆς ἄξιος ἦν ὁ τοῦ γεωργοῦ βίᾳ καὶ λῃστρικῶς λαβὼν τὸν βοῦν καὶ καταθοινησάμενος καὶ ἡσθεὶς ἐφ᾽ οἷς ἐκεῖνος καταρώμενος ἔλεγε πρὸς αὐτὸν ἐσθίοντα, von Nauck FTG² p. 575 falsch auf des Euripides Syleus bezogen.

Hegesippos von Mekyberna.

Der Schriftsteller, auf welchen eine Anzahl von Geschichten des Konon zurückzuführen hier versucht werden soll, ist zeitlos. Dionysios von Halikarnass sagt I 49: Κεφάλων ὁ Γεργίθιος καὶ Ἡγήσιππος ὁ περὶ Παλλήνης γράψας, ἄνδρες ἀρχαῖοι καὶ λόγου ἄξιοι — aber bezüglich des Kephalon hat er sich bekanntlich geirrt. Als terminus ante quem kann vielleicht eine Stelle in der uns unter Skymnos' Namen überlieferten Periegese betrachtet werden, 640 f:

εἶτ' ἔστι κόλπος λεγόμενος Τορωνικός,
οὗ πρότερον ἦν τις Μηκύβερνα κειμένη.

Die Lokalgeschichtsschreibung, zu welcher die Schriften des Hegesippos gehören, ist erst mit Alexander dem Grossen aufgekommen [33]); somit wird des Hegesippos Schriftstellerei dem dritten oder zweiten Jahrhundert angehören.

Bruchstücke existieren von Παλληνιακά und Μιλησιακά [34]). Beide Schriften werden erwähnt in den Quellenangaben am Rande des Palatinus zu Parthenios.

X.

Poseidon ⌣ Ossa

Sithon ⌣ Μενδηὶς νύμφη [35])
|
Pallene.

Dieselbe Genealogie weist, wenigstens teilweise, Stephanos von Byzanz s. v. Παλλήνη auf, wovon unten noch die Rede sein wird. Einen zweiten und anderen Stammbaum giebt der Lykophronscholiast zu 583: οἱ γὰρ τὰ Ἀργοναυτικὰ ποιήσαντές φασι κεῖσθαι, ὅτι Σιθῶνος τοῦ υἱοῦ Ἄρεος καὶ Ἀγχινόης τῆς Νείλου (ἡ Πρωτέως κατά τινας Tzetzes) θυγατρὸς ἐγένετο Ῥοιτεία, ἀφ' ἧς καὶ τὸ Ῥοίτειον ὠνομάσθη.

Bei Konon ist die Genealogie klar und einfach genug: Sithon,

---

33) Von den Joniern und der Atthis natürlich abgesehen; sonst weiss ich kein sicheres Beispiel vor Alexander; Dieuchidas würde, falls v. Wilamowitz-Möllendorff Recht hätte, eine auffallende Ausnahme machen.
34) FHG IV 423 f.
35) Vgl. Steph Byz. s. v. Μίνδη · πόλις Θράκης, ἀπὸ Μίνδης γυναικός. Ἀπολλόδωρος Μίνδιν αὐτήν φησιν.

der Sohn des Poseidon und der Ossa, wie Sithonia, die nach ihm benannte Landschaft, ihren Charakter der Verbindung des Meeres und des Gebirges verdankt [36]). Sithon freit Mendeis, jedenfalls eine echt einheimische Figur. Dagegen zeigt der andere Stammbaum ein wunderliches Gemisch: Mendeis wird zur Anchinoe (bei Tzetzes Anchiroe) und Tochter des Neilos oder Proteus.

Der Umstand, dass Rhoiteia im Scholion zu Apollonios Rhodios I 929 als Tochter des Proteus erscheint, lässt, mit der Angabe des Lykophronscholiasten zusammengehalten, schliessen, dass entweder ein wirklicher Zusammenhang mit dem Proteusmythos vorlag, oder aber, dass zwei Stammbäume untereinander gebracht worden sind. Wie dem auch sei, offenbar ist der Stammbaum bei Konon der ursprünglichere.

Mit den Namen der Freier, welche im Zweikampf gegen Sithon fallen, steht Konon allein [37]).

Die Wettkämpfe. Das Motiv für dieselben fehlt bei Konon. Wohl aber giebt ein solches Nonnos Dionys. XLVIII 90 ff: König Sithon liebt seine Tochter selbst, daher die Wettkämpfe. Wie nun die ganze Geschichte von Sithon und seiner Tochter Pallene als makedonische Parallele zur Oinomaos-Hippodameiasage erscheint, so auch dieser Zug. Auch Oinomaos liebt nach der einen Version der Sage seine Tochter selbst, vgl. Tzetzes zu Lykophron 156: Ἱπποδάμεια, ἣ καὶ παρὰ τοῦ ἰδίου πατρὸς ἐρωμένη, καὶ διὰ τοῦτο μὴ ἐκδιδομένη πρὸς γάμον, καθὼς οἱ ἀκριβέστεροι τῶν ἱστορικῶν γράφουσιν [38]), und bei Hyginus fab. 253 S. 140 Schm. wird unter denen, quae contra fas concubuerunt, Hippodamia cum Oenomao patre genannt. Ob Nonnos diesen Zug der Oinomaossage selbständig aufgenommen und verwertet habe, mag dahingestellt bleiben; jedenfalls zeigt seine Erzählung Kenntnis der Oinomaossage und Anlehnung an dieselbe: Pallene wird aufgefordert, sich die Liebesgemeinschaft mit dem eben erworbenen Gatten durch den Tod des Vaters nicht verkümmern zu lassen, sowenig wie dies Hippodameia gethan (210 ff.).

Bei Konon wird die Liebe des Vaters zur eigenen Tochter kaum

---

36) Ossa Berg in Thrakien. Stat. Theb. II 82. Ptolem. Geogr. III 1,4 auf welche Stellen Knaack mich aufmerksam gemacht hat.

37) Der von Konon 41, Ephoros bei Stephanos s. v. Ἀραβή und Apd. III 12,5 genannte Merops ist nicht derselbe wie der hiergenannte. Ἀνθεμουσία (γῆ) ist eine Landschaft nördlich von der Chalkidike.

38) Vgl. schol. Pind. Olymp I 114.

das Motiv der Wettkämpfe gewesen sein — wenigstens haben wir keinen Grund dies anzunehmen —, ebensowenig der bekannte Orakelspruch, welcher in der Oinomaossage seine Rolle spielt. Vielmehr war das Motiv lediglich die Kampflust des Königs. Wie allgemach seine Kraft erlahmt, beschliesst er denn auch die Tochter zu verheiraten und lässt zu dem Zweck nunmehr die Freier miteinander kämpfen, dem Sieger das Mädchen zusichernd. Dies Motiv lässt sich zu Konon ergänzen aus der parallelen Erzählung des Parthenios (VI), welche nur darum bisher nicht erwähnt wurde, weil sie uns für die Genealogie der Pallene und die Namen des Merops und Periphetes im Stich lässt. Im Übrigen stimmen die beiden Berichte, der des Parthenios und der des Konon, Zug für Zug miteinander überein, nur dass bei Parthenios für die rettende Aphrodite ein allgemeineres φάντασμα θεῖον eingesetzt ist. Das Interesse, aus welchem die Erzählung gegeben wird, ist freilich verschieden: die Gründungssage bei Konon, welche in der Namengebung von Pallene ausläuft, ist bei Parthenios zum ἐρωτικὸν πάθημα bearbeitet, welches denn naturgemäss mit der Hochzeit von Pallene und Kleitos abschliesst. — Wir gehen nun bei der Frage nach dem Namen der Quelle von Parthenios aus. Am Rande des Palatinus steht die Autorenangabe Ἱστορεῖ Διογένης καὶ Ἡγήσιππος ἐν Παλληνιακοῖς. An der Richtigkeit der Angabe zu zweifeln hat man keinen Grund; jedenfalls hat also sowohl Hegesippos als auch Diogenes oder vielmehr Theagenes [39]) die Begebenheit im Wesentlichen so erzählt wie Parthenios und Konon. Mindestens Hegesippos musste in seinen Palleniaka auf die Sache zu sprechen kommen und glücklicher Weise haben wir dafür noch ein besonderes Zeugnis bei Stephanos s. v. Παλλήνη, πόλις Θρᾴκης, ἀπὸ Παλλήνης, τῆς Σίθωνος μὲν θυγατρός, Κλείτου δὲ γυναικός, ὡς Ἡγήσιππος ἐν τοῖς Παλληνιακοῖς.

XXXII.

Philargyrius zu Vergils Georgica IV 390 berichtet: Palleno insula secundum Thermodontem, dicta a Palla Sithonis filia, quae nunc Chersonesus vocatur. Hac (al. hanc) Proteus quondam propter Busiridis crudelitatem relicta Aegyptum (al. Aegypto) petiit.

Ebenderselbe zu V. 391: Pallenem: hoc ideo dixit, quia Proteus, antequam in Aegyptum commigraret, Thraciae fuit incola, ubi

---

[39]) Wie schon Gale zu Parthenios p. 124 vermutet hat.

habuit uxorem Coronem (al. Toronem): filios Telegonum et Polygonum, qui cum advenas luctari secum adigerent et excruciarent, ad postremum victi et interempti ab Hercule animum patris perculerunt. Quapropter cum taedio praesentium rerum vellet solum vertere, Neptunus illic super [40]) mare specum fecit, per quam in Aegyptum commeasse dicitur. Pallene autem est Chersonesus in Thracia, cuius in faucibus Corone (al. Torone) est oppidum, ab uxore Protei cognominatum.

Die Quelle des Scholiasten gab in der Hauptsache dieselbe Fassung der Sage wie Konon. Im Anfang ist offenbar zu lesen: Hanc (sc. Pallenen) Proteus quondam . . . relicta Aegypto petiit: das lehrt eben die Erwähnung des Busiris, und das Schwanken der Lesart ist nur dadurch entstanden, dass bei Vergil Georg. IV 390, der zu erklärenden Stelle, als Heimatland des Proteus Pallene genannt war. Eben darum liess der Scholiast im Folgenden Proteus, antequam in Aegyptum commigraret, Thraciae fuit incola die Erwähnung Aegyptens als des ursprünglichen Heimatlandes des Proteus weg.

Auf die Proteussage als solche tiefer einzugehen ist hier nicht der Ort. Nur über Konons Thema, Proteus auf Pallene, ist zu sprechen. Mag auch die Übertragung nach Pallene „willkürliche Erfindung" scheinen [41]), so scheint doch der Gedanke an eine Verbindung mit Thrakien, mindestens den thrakischen Inseln, einer recht alten Zeit anzugehören: Pherekydes bei Strabon X 472 nennt die Tochter des Proteus Kabeiro, derselbe, worauf v. Wilamowitz aufmerksam gemacht hat, einen Sohn Eioneus. Auf Pallene selbst freilich erscheint Proteus für uns zuerst bei Lykophron Alex. 115 ff. Und Pallene ist hier so wenig sein Heimatland als bei Konon, sondern τέκνων ἀλύξας τοὺς ξενοκτόνους πάλας bittet er Vater Poseidon στῆσαι παλίμπουν εἰς πάτραν, ὅθεν πλάνης Παλληνίαν ἐπῆλθε γηγενῶν τροφόν. Als πλάνης — vielleicht weist das auf einen ähnlichen Zug wie bei Konon — ist er nach Pallene gekommen [42]), die Grausamkeit der Söhne gegen die Fremden verleidet ihm

---

40) Soll wohl heissen subter. Vgl. noch Domitius zu Stat. Silv. I p. 73 Cruc.: pater . . . a Neptuno patre impetravit ut in Aegyptum duceretur: quod ille concessit factis antris in fundo maris quibus illuc commearet.

41) Korn zu Haupt's Ovid. Met. VIII 731.

42) Wenn U. von Wilamowitz-Möllendorff, Homerische Untersuchungen S. 27,15 sagt: Zu Hause ist er nur an der Chalki-

das Leben dort, auf seine Bitten baut ihm Vater Poseidon den Pfad unter dem Meere hin, worauf er in sein Heimatland zurückgelangen kann. In all diesen Zügen, dazu in bezug auf den Namen der Gattin Torone [43]), stimmt der sog. Philargyrius mit Lykophron. Die Söhne des Proteus. Wie im Philargyrius heissen sie Polygonos und Telegonos bei Apollodor II 5, 9, 14. Da erschlägt sie Herakles von Thasos kommend in Torone [44]). Im Scholion zu Lykophron 115 f. heissen sie Tmolos und Telegonos. An dieser Stelle wird als die Heimat des Proteus nach Lykophron richtig Aegypten genannt, als Schauplatz der Gewaltthätigkeiten der Söhne Pallene [45]), wogegen das Scholion zu 124 den Proteus aus Gram über jene Grausamkeiten von Aegypten erst nach Pallene auswandern lässt — also entweder andere Version oder Misverständnis, vermutlich das letztere [46])

Bei Konon nun haben wir eine Verbindung der Europasage mit der Proteussage vor uns, lokalisiert auf Pallene. Und zwar muss die Europasage dazu dienen, einen Zug der Proteussage zu erklären. Wie und warum kommt Proteus nach Pallene? Die Frage lag nahe. Die Antwort aber ist wohl erst spät erfolgt: Proteus kam mit Kadmos ins Land. So wurden die beiden Lokalsagen verknüpft. Die Erwähnung der Europa hat bei Konon lediglich diese Erklärung zum Zweck, und von dieser Einleitung abgesehen spielt sich die Handlung auf der Chalkidike ab. Sie setzt deutlich an an das in X Erzählte. Kleitos, den wir oben verliessen als er den Königsthron der Sithonen bestieg, ist mittlerweile ein weiser und gerechter König geworden, der eine erwachsene Tochter hat. In einer Geschichte von Pallene musste an dieser Stelle die Erzählung von Proteus als

---

dike und Lykophron (118) sucht seine Wanderung nach Pharos zu motiviren, irrt er also; auch Eustathios hat nicht beachtet, dass bei Lykophron nur von der Rückkehr die Rede; s. zu Dionys. Per. 259.

43) Nach Stephanos s. v. Τορώνη heisst so nicht die Gattin, sondern die Tochter des Proteus.

44) Das Epitheton Τορωναῖος bei Nonnos XXI 287 Τορωναίοιο Πρωτῆος kommt vielleicht vom Namen der Gattin, worauf XLIII 225 hinweist: οἶδμα λιπὼν Παλληνίδος ἄλμης.

45) Vgl. Tzetzes zu 124 und Eustathius zu Dionys. Per. 259.

46) S. noch Eustath. zur Ilias 686,24: ὄρος Θρᾳκικὸν Ἤπυτον, ἔνθα, φασί, Πρωτεὺς ἀναβὰς φονευθέντων τῶν παίδων ηὔξατο θεοῖς ἀποκαταστῆσαι εἰς Αἴγυπτον und Etym. M. 434,41.

Episode sich einschieben, weil er eben besagtes Mädchen heiratet. Konon hat die Episode herausgenommen, welche anmutig mit einem χώρα abschliesst. Das χώρα deutet auf eine Lokalsage. Was nun den Bericht des Konon von dem des Lykophron und des Philargyrius wesentlich unterscheidet, ist dies, dass bei Konon Proteus nicht nach Aegypten zurückkehrt, sondern König des Landes wird, wieder eine Wendung der Sage, die dem Interesse des Lokalhistorikers entsprechen musste.

Passt so die Erzählung in den Rahmen des Buches eines Lokalgeschichtsschreibers inhaltlich vortrefflich hinein, und weist der unverkennbare Zusammenhang mit der zehnten Erzählung auf den Namen des Hegesippos als des Gewährsmannes hin, so gewinnen wir eine weitere Stütze für unsere Ansicht, wenn wir uns umsehen, wer von Schriftstellern den Kadmos in die Gegenden, um welche es sich handelt, überhaupt gelangen liess. Da finden wir neben Herodot II 44, Apd. III, 1,1, Pausan. V 25,12, Plinius nat. hist. VII 197 wieder den Namen des Hegesippos. Im Scholion zu Euripides' Rhesos 28 (Dind.)[47]) heisst es nämlich: διττὰς δὲ τὰς Εὐρώπας ἀναγράφουσιν ἔνιοι ... εἰσὶ δὲ οἱ καὶ τρίτην ἀναγράψαντες, καθάπερ Ἡγήσιππος ἐν τοῖς Παλληνιακοῖς γράφων οὕτως. Κάδμος σὺν τῇ μητρὶ τῆς Εὐρώπης Τηλεφάη ἐπῄει περὶ Ἀθήνας καὶ ἐπυνθάνετο Εὐρώπην ἔχεσθαι ἐν Θρᾴκῃ καὶ οὕτως ἀφίκετο εἰς τὴν καταντιπέραν ἤπειρον καὶ ἦρχεν ἐν τῇ χώρᾳ ταύτῃ πάντων. Εὐρώπη, τοῦ ἀνδρὸς ἀποληφθεῖσα οὐχ ἡ Φοίνικος, ἀλλ' ἐπιχωρία τις γυνή, ἀφ' ἧς καὶ ἡ ἤπειρος ἅπασα ἡ πρὸς Βορέαν ἄνεμον Εὐρώπη κέκληται. Es wird billig Wunder nehmen, dass hier jede Beziehung auf Pallene oder die Chalkidike überhaupt fehlt. Stand die Stelle wirklich in den Παλληνιακά, so muss die Beziehung dagewesen sein. — Hegesippos erzählte also, dass Kadmos mit der Mutter umherzog — um die Europa zu suchen, wie notwendig ergänzt werden muss —; er erfährt dass sie in Thrakien weilt, kommt dorthin und gelangt da zur Herrschaft. Davon giebt Konon nur, was ihn, der die Verknüpfung des Proteus mit Kleitos-Pallene behandelt, direkt angeht. Und wenn Hegesippos nun schliesslich mit der thrakischen Lokalweisheit hervortrat, der Europa ihre phönikische Herkunft absprach und sie zur ἐπιχωρία γυνή machte, so liess Konon, wie natürlich, auch diesen Zug weg.

---

47) = FHG IV 424, wo das Stück als Fr. 6 unter die Incerta gesetzt ist.

XLVI.

Noch zur Zeit der Belagerung Troias bringt Priamos die beiden Söhne des Hektor Oxynios und Skamandros nach Lydien in Sicherheit. Nach der Eroberung hält sich Aineias, den Feinden entronnen, zunächst im Idagebirge auf, da aber Oxynios und Skamandros zurückkehren und auf die Gegend als das Erbe ihres Vaters Anspruch erheben, verlässt er das Land. Dies der erste Teil der Erzählung.

Der Name Oxynios scheint sonst nicht vorzukommen [48]). Auch im Übrigen fehlt es uns an Parallelstellen für diesen ersten Teil der Erzählung fast gänzlich; nur darin, dass Aeneas zunächst mit seinen Genossen auf dem Ida haust, also im Lande bleibt, und darin, dass Skamandrios — was die gewöhnliche Form des Namens — zurückgekehrt seine Erbschaft antritt, stimmt Dionysios der Halikarnassier I 47 mit Konon überein, während im Einzelnen die Erzählung wieder vollkommen abweicht: Skamandrios kehrt mit den übrigen Hektoriden von Neoptolemos freigelassen aus Griechenland in das Heimatland zurück. Am Schluss seiner Erzählung, zu Anfang von Cap. 48, bemerkt Dionysios: Ὁ μὲν οὖν πιστότατος τῶν λόγων, ᾧ κέχρηται τῶν παλαιῶν συγγραφέων Ἑλλάνικος ἐν τοῖς Τρωικοῖς, περὶ τῆς Αἰνείου φυγῆς τοιόσδε ἐστίν. Das wird heissen, dass die Geschichte in der Hauptsache so bei Hellanikos stand; sonst macht der Bericht wenig den Eindruck des Alters.

Der zweite Teil der Erzählung des Konon behandelt die **Wanderung des Aeneas**. Die Quellen fliessen hier bekanntlich ausserordentlich reichlich; für uns genügt es das Wenige, was mit Konon zusammentrifft, auszuscheiden. In Kürze ist Konons Bericht dieser: Aeneas zieht erst πρὸς ἥλιον ἀνίσχοντα — wie längst bemerkt, ein geographischer Irrtum — geht dann über den Hellespont und kommt nach dem thermäischen Meerbusen, wo Anchises stirbt. Er selbst zieht weiter nach dem brusischen Lande, übernimmt da die Herrschaft des Landes und gründet die Stadt Aineia, später Ainos genannt. Wir sind gezwungen einen Augenblick bei der Erklärung der Stelle zu verweilen. Aeneas kommt offenbar nicht zu Wasser, wie Kauno [49]) meinte, sondern zu Lande nach dem thermäischen

---

48) Allzu kühn wollte Mueller FHG IV 301 mit Zuziehung des verderbten Scholions zu Eurip. Androm. 224 daraus einen Ophrynios oder Ophryneus herstellen.

49) dessen Behandlung der Stelle S. 162 ganz verunglückt ist.

Meerbusen. Von da zieht er nach dem brusischen Lande. Wo lag dieses? Stephanos von Byzanz [50]), welcher Brusis als Teil Makedoniens bezeichnet, giebt nur unvollkommene Antwort. Aber wir haben keinen Anhalt dafür das Land an der Hebrosmündung zu suchen. So sollte Aeneas — nach Kanne's Auffassung — den weiten Weg bis zur Stadt Ainos an der Hebrosmündung zurückmarschiert sein? Ohne Frage ist mit der gegründeten Stadt die Stadt Aineia am thermäischen Meerbusen, welche schon auf der Chalkidike liegt, gemeint [51]).

Hier also hat die Aeneassage auf ihrer Wanderung Halt gemacht. Die Spuren, welche in dieselbe Gegend führen, müssen hier verfolgt werden. In erster Linie ist das aus Aineia stammende, dem sechsten vorchristl. Jahrhundert angehörende, Tetradrachmon zu erwähnen, dessen Bildnis, Aeneas auf der Flucht darstellend, uns beredter als die Zeugnisse der Literatur das Alter der Sage von der Gründung Aineia's durch Aeneas vor Augen führt [52]). Als Gründer der Stadt genoss der Held noch im zweiten Jahrhundert vor Chr. dort einen Kult [53]). — Für die Scheidung der Quellen ist wichtig, was Dionysios erzählt. In seinem Bericht I 47, der also in der Hauptsache auf Hellanikos zurückgehen mag, sagt er von Aeneas: διαπλεῖ τὸν Ἑλλήσποντον ἐπὶ τῆς ἔγγιστα κειμένης χερρονήσου τὸν πλοῦν ποιούμενος, ἣ πρόκειται μὲν τῆς Εὐρώπης, καλεῖται δὲ Παλλήνη. ἔθνος δ' εἶχεν αὐτὴν Θρᾴκιον σύμμαχον Κρουσαῖον καλούμενον u. s. w. [54]) Nachdem er dann in Cap. 48 anderer Berichte, die ihm weniger glaubhaft erscheinen, Erwähnung gethan, beginnt Cap. 49 mit folgenden Worten: Τὰ δὲ μετὰ τὴν ἔξοδον ἔτι πλείω παρέχει τοῖς πολλοῖς τὴν ἀπορίαν. οἱ μὲν γὰρ ἕως Θρᾴκης ἀγαγόντες αὐτὸν ἐκεῖ λέγουσι τελευτῆσαι τὸν βίον, ὧν

---

50) Βρουσίς, μοῖρα Μακεδονίας κτλ.

51) So schon Heyne Excurs zu Buch III der Aeneis (Zweite Aus-Ausgabe 1787 II 417). — Über Konon's (oder Photios') Bemerkung, die Stadt sei später Ainos genannt, verlohnt es sich nicht viel Worte zu verlieren.

52) S. Friedländer in Monatsber. d. preuss. Akad. Novemb. 1878. S. 759 ff. und C. Robert, Archäol. Ztg. 1879 S. 23 f.

53) Livius XL 4.

54) Also ebenfalls ungefähr die Gegend der Stadt Aineia, so dass Brusier und Krusier nebeneinander gewohnt zu haben scheinen, wenn wir sie nicht direkt identifizieren dürfen.

ἐστι Κεφάλων τε ὁ Γεργίθιος καὶ Ἡγήσιππος <ὁ> περὶ Παλλήνης γράψας, ἄνδρες ἀρχαῖοι καὶ λόγου ἄξιοι. Aber auch von den Schriftstellern, welche den Aeneas nach Italien gelangen liessen, wurde (teilweise wenigstens) von einem Aufenthalt auf Pallene erzählt; so Dionysios Cap. 49 [55]).

Zu scheiden also sind zwei Wendungen der Sage (wie auch Friedländer und Robert bemerken): nach der einen stirbt Aeneas in der von ihm gegründeten Stadt, nach der anderen verlässt er sie wieder. Wie steht es mit Konon? Sein Thema ist die Gründung von Aineia, und ist von den weiteren Schicksalen des Helden nicht die Rede, weil eben die Erzählung mit der Gründung der Stadt ihr Ziel erreicht, so können wir hinzusetzen, dass Aeneas dort bleibend gedacht wird. Die Kuh brüllt zum Zeichen, dass er sich niederlassen soll, und die Umwohner übertragen ihm die Herrschaft des Landes, welche er annimmt.

Konon also giebt diejenige Wendung, welche die Lokaltradition darstellt, die Hegesippos wiedergab [56]).

Die am Ende der Erzählung stehenden Worte λόγος μὲν οὖν εἰς οὗτος u. s. w. können nun freilich kaum von Hegesippos herrühren; zu seiner Zeit, mag er nun gelebt haben, wann er will, konute man von dem betr. Bericht noch nicht sagen: οὗτος κατημάξευται. Die Worte geben sich demnach als Zusatz zu dem Quellenbericht zu erkennen, und zwar als recht müssigen, sei's des Konon, sei's des Photios. Dafür scheint aber dieser Zusatz zu sprechen, dass, während Kephalon von Gergithos, mit Hegesippos zusammen genannt, oder vielmehr Hegesianax des Aeneas spätere Schicksale gewissermassen als Einleitung zur Erzählung von der Gründung Roms erzählte [57]), Konon seine Geschichte einem ganz anderen Zusammenhang entnommen hat.

---

55) Weitere Belegstellen für die Ankunft des Aeneas auf der Chalkidike bezw. d. Gründung von Ainoia Stephanos Byz. s. v. Αἴνεια, Schol. zu Hom, Υ 307 und Ν 459, Tzetzes zu Lykophr. 1263.

56) Man wird nicht den Einwand machen, dass des Dionysios Worte ἕως Θρᾴκης ἀγαγόντες αὐτὸν nicht entschieden auf Pallene oder Umgegend hinweisen. Liess Hegesippos den Aineias dahin nicht kommen, was hatte er denn von ihm zu erzählen?

57) Rom liess er ja gründen ὑπὸ τῶν ἐξ Ἰλίου διασωθέντων σὺν Αἰνείᾳ, Dionys. I 72; ungenau Festus p. 266 Muell. — Die Benutzung von des Hegesianax Τρωικά durch Konon hat R. Gaede als These in seiner Dissert. Demetrii Scepsii quae supersunt (Greifsw. 1880) aufgestellt. S. zu XXIII.

XIII.

Wir haben eine Wendung jener bekannten Sage vor uns, die von einer ziemlich grossen Zahl von Schriftstellern wiedergegeben wird[58]) und in den verschiedensten Gegenden lokalisiert erscheint. Aithilla, des Laomedon Tochter, von Protesilaos zu Schiff gefangen fortgeführt, verbrennt im Bunde mit ihren Mitgefangenen die Schiffe der Griechen, wie sie aus Sturmesnot bei Skione sich ans Land gerettet haben. Auffallen muss die Erwähnung des Protesilaos. Nach der alten Sage fällt er ja vor Troia als der Erste ans Land springend. So Homer, und die Späteren folgen ihm; gegenüber von Troia, auf dem thrakischen Chersones, ist sein Grab[59]). So scheint denn Konons Erzählung in direktem Widerspruch hierzu zu stehen, und mit Rücksicht auf die Stelle aus Tzetzes zu Lykophron 911, wonach οἱ τοῦ Πρωτεσιλάου εἰς Ἑλλήνην ἀπερρίφησαν πλησίον πεδίου Κανάστρου, hat Kanne S. 90 f unter Heynes Beistimmung vermutet, dass Konon nicht von Protesilaos selbst, sondern von den Genossen des Protesilaos gesprochen habe. Die Vermutung hat in sich wenig Wahrscheinlichkeit. Sehen wir uns aber um, welche Schriftsteller als Lokal der Sage wie Konon Pallene bezeichnen. Polyainos VII 47 erzählt: Ἕλληνες ἀναπλέοντες ἐκ Τροίας κατέσχον εἰς τὴν Φλέγραν. Αἰχμάλωτοι Τρωιάδες, τῶν Ἑλλήνων ἐπὶ γῆν ἀναβάντων, οὐ φέρουσαι τὴν ἄλην, τὰς ναῦς κατέπρησαν. Ἔπειθε τὰς αἰχμαλώτους Ἀνθία, Πριάμου ἀδελφή· οἱ δὲ Ἕλληνες ἀπορίᾳ σκαρῶν κατελάβοντο τὴν νῦν καλουμένην Σκιώνην, καὶ πόλιν οἰκίσαντες τὴν χώραν ἀντὶ Φλέγρας Παλλήνην προσηγόρευσαν. Aithilla[60]) bei Konon ist hier zur Anthia geworden. Mehr lehren uns die

---

58) Die Stellen bei Fr. Cauer, de fabulis Graecis ad Romam conditam pertinentibus, Berl. 1884. S. 14 ff.
59) Herod. VII 33, IX 116. 120, Thukyd. VIII 102, Anthol. Append. Epigr. 9,95 f., Anth. Pal. VII 141, Quint. Smyrn. VII 408, Pausan. I 34,2, III 4,6, Lukian. deor. concil. 12, schol. Lyc. 532 u. Tzetzes, Mela II 2,7, Plinius h. n. IV 11, 49, XVI 44, 238. Strabo VII fr. 52, Philostratus heroic. 672 p. 289 (ed. Kayser 1844), Dion. Chrysost. XI I p. 185 Dind.
60) Der Name kommt sonst nur bei Tzetzes zu Lykophron 921 vor, wo sie als Aithylla in gleichem Zusammenhang mit ihren Schwestern Astyoche und Medesikaste genannt wird (aus Apollodoros). Nach Apd. III 12, 5, 9 ist Medesikaste T. des Priamos.

Worte des Strabon VII 25 p. 330: ἔτι δὲ πρότερον τοὺς Γίγαντας ἐνταῦθα γενέσθαι φασὶ καὶ τὴν χώραν ὀνομάζεσθαι Φλέγραν οἱ μὲν μυθολογοῦντες, οἱ δὲ πιθανώτερον ἔθνος τι βάρβαρον καὶ ἀσεβὲς ἀποφαίνοντες τὸ κατέχον τὸν τόπον, καταλυθὲν δ' ὑπὸ Ἡρακλέους, ἡνίκα τὴν Τροίαν ἑλὼν ἀνέπλει εἰς τὴν οἰκείαν. κἀνταῦθα δὲ τῆς λύμης αἱ Τρωάδες αἴτιαι λέγονται, ἐμπρῆσαι τὰς ναῦς, ἵνα μὴ ταῖς γυναιξὶ τῶν ἑλόντων αὐτὰς δουλεύοιεν. Die Sage vom Verbrennen der Schiffe ist also in Zusammenhang gebracht mit der Rückkehr des Herakles von der Einnahme Troias; das Lokal ist wie bei Konon Pallene, und dadurch wird zur Sicherheit, dass auch das bei Konon Erzählte sich auf die Rückkehr des Protesilaos vom ersten Zug gegen Troia unter Herakles und Telamon bezieht[61]).

Erscheint nun die Sage vom Verbrennen der Schiffe bei Konon als Gründungssage von Skione — denn damit haben wir es zu thun, — so steht er auch damit nicht allein. Denn vollkommen stimmt überein, was Stephanos von Byzanz s. v. Σκιώνη berichtet: πόλις Θρᾴκης, ἔνθα λέγεται τὰς Τρωάδας αἰχμαλώτους, διὰ τὸ μὴ ὑπὸ τῶν Ἑλλήνων εἰς δουλείαν ἀπενεχθῆναι τῶν αὐτῶν γυναικῶν, ἐμπρῆσαι τὰς ναῦς. οἱ δὲ πλοίων ἀποροῦντες ἐξ ἀνάγκης κατέμειναν αὐτοῦ πόλιν Σκιώνην οἰκίσαντες[62]).

Offenbar haben wir wiederum eine Lokalsage von Pallene vor uns, und es lässt sich ohne Weiteres vermuten, dass die Quelle wiederum Hegesippos ist. Als Bestätigung kommt hinzu die Übereinstimmung mit Stephanos. Haben wir schon oben gefunden, dass Übereinstimmungen mit diesem ihren Grund in der gemeinsamen Benutzung des Hegesippos hatten und lässt sich annehmen, dass Stephanos für die Gründungssage von Skione wiederum den Hegesippos herangezogen hat, so ist es mindestens wahrscheinlich, dass die neuerliche Berührung den nämlichen Grund hat.

Vier von den Erzählungen des Konon sind nach dem Bisherigen als Eigentum des Hegesippos zu betrachten: X die Namengebung von Pallene, XXXII des Proteus Ankunft auf Pallene, XLVI die

---

61) Nicht richtig ist also, was Roscher im neuen Lexikon der Mythologie unter Aithilla sagt: Alle diese Schriftsteller (Konon, Mela, Polyainos, Tzetzes) schöpften wohl aus den Nostoi.
62) Auch nach Pomponius Mela II 2 fin. ist Skione von den von Troia zurückkehrenden Achaiern gegründet.

Gründung der Stadt Aineia, XIII die Gründung von Skione behandelnd. Von Konons mythologischen Erzählungen behandeln verhältnismässig viele Παλληνιακά und überhaupt Sagen, die nach der Chalkidike gehören. Die Vermutung, dass sie zusammengehören, ist nicht leicht abzuweisen. Auf die lokale Färbung wurde im Einzelnen aufmerksam gemacht, und auf die Annahme, dass eine Lokalgeschichte vorliegt, sind wir dadurch hingewiesen. Den Namen ihres Verfassers gewannen wir dadurch, dass wir, gewiss ein glücklicher Zufall, die spärlichen Fragmente aus des Hegesippos Παλληνιακά mit Konons Bericht in Zusammenhang bringen konnten. Bei drei von den behandelten Geschichten war dies der Fall, bei der vierten durfte ein daraus gezogener Schluss genügen.

Der Schriftsteller beschränkte sich nicht streng auf Pallene, sondern zog Sagen aus der nächsten Umgegend in den Bereich seines Buches hinein, wie dies auch ganz natürlich war, so die Gründungssage von Aineia. Man suchte möglichst viel interessante Sagengestalten dem lokalen Mährchenschatz einzuverleiben. Dabei musste denn zuweilen die Frage beantwortet werden, wie jene Gestalten, von Hause aus nicht einheimisch, ins Land gekommen seien; so kam die eigentümliche Verbindung der Proteus- mit der Kadmossage heraus.

IV.

Strymon taucht zuerst bei Hesiodos (Theog. 339) auf unter den Söhnen des Okeanos und der Tethys. Bei Homer heisst er als Vater des Rhesos Eioneus; dass aber so, nämlich Eioneus, der Strymonfluss früher geheissen habe, wird anderwärts nicht berichtet.

Brangas, Olynthos, Rhesos kommen sonst als die drei Söhne des Strymon nicht vor; Brangas überhaupt nicht, Rhesos, wie bekannt, öfter. Olynthos erscheint hier allein als Sohn des Strymon, bei Athenaous VIII 334 EF (aus Hegesanders Hypomnemata) als Sohn des Herakles und der Bolbe, bei Stephanos Byz. v. Ὄλυνθος ebenfalls als Sohn des Herakles. Er hat ein Denkmal am Olynthiakos, einem in den Bolbesee strömenden Flüsschen. Sein Name ist hier der wichtigste, da es sich um die Gründungssage der Stadt Olynthos handelt. Dass die hier vorliegende Lokaltradition wieder aus Hegesippos entnommen ist, wird keiner bezweifeln, der überhaupt die Benutzung desselben durch Konon zugiebt.

XX.

Bekannt ist Theokles aus Chalkis, welcher Kolonisten nach Sizilien führt[63]). Der hier genannte Theoklos ist ein anderer, er ist Χαλκιδεύς als Bewohner der Chalkidike; es handelt sich um Kämpfe der Bewohner dieser Halbinsel mit dem benachbarten Volksstamm der Bisalten. In der XXXII. Erzählung führen Klitos und Proteus einen Krieg gegen sie und vertreiben sie. Für Pallene interessiert sich der Erzähler der vorliegenden Geschichte, wie die Worte lehren οἱ δὲ Βισάλται Θρᾳκικὸν ἔθνος, ἀντιπέρα Παλλήνης οἰκοῦντες, eine etwas auffallende geographische Bezeichnung. Auf Lokaltradition weist die ganze Geschichte, besonders das Grabmal und die göttlichen Ehren, welche die Chalkidier dem ungerechterweise getöteten Hirten auf göttliches Geheiss zu teil werden lassen. So dürfen wir auch diese Erzählung dem Hegesippos zuweisen.

VII.

Einen anderen Stammbaum, als er bei Konon sich darstellt, giebt das Odysseescholion τ 432. Die Unterschrift lautet Ἡ ἱστορία παρὰ Φερεκύδῃ. Mit diesem Scholion stimmt genau überein Hygins fab. 161, demnach aus gleicher Quelle stammend.

Übereinstimmend mit Konon, wenngleich kürzer[64]), berichten dagegen von dem Stammbaum, dem Wettkampf und von der Bestrafung des Thamyris die Bibliothek I 3,3 und das Iliasscholion zum B 595. In diese Gruppe gehört noch Pausanias IV 33,4, welcher bezüglich des Lokals eine willkommene Ergänzung zu Konon bietet. Zwar ist Argiope ursprünglich nicht im Peloponnes zu Hause, wie die Nymphe bei Konon, sondern am Parnass, aber sie flieht, als sie schwanger geworden, ἐς Ὀδρύσας ... καὶ Θάμυριν μὲν Ὀδρύσην τε καὶ Θρᾷκα ἐπὶ τούτῳ καλοῦσιν. Bei Konon flüchtet sie nach der Akte, und es ist klar, dass hiermit nicht etwa Attika gemeint ist, sondern die östliche im Athosgebirge auslaufende Halbinsel der Chalkidike. Auf dieser Akte ist Thamyris, wie bekannt, auch sonst zu Hause, s. besonders Strabon VII fr. 35; hier hat er auch sein Königreich, und wenn er bei Konon a's König von

---

63) Thukyd. VI 3, Steph. Byz. s. v. Κατάνη u. Χαλκίς (Hellanikos) Strabon VI 2 6? = Scymn. 270 sqq. (Ephoros). Polyaen V 5.

64) Ganz singulär sind bei Konon die Worte ἐν Θορικῷ τῆς Ἀττικῆς

Skythen erscheint, so ist dies wohl nur eine Folge des Schwankens der Begriffe Σκύθαι und Θρᾶκες[65]).

Die Vermutung liegt nunmehr nahe, dass diese Geschichte, die zum Teil auf der Chalkidike spielt, von Konon aus Hegesippos herübergenommen worden ist.

XVII.

Die Syleussage zeigt bei den verschiedenen Schriftstellern ein gänzlich verschiedenes Lokal. Wir wollen die Stellen, an welchen sie vorliegt, betrachten.

Diodor IV 31. Der Schauplatz ist Lydien, wo Herakles der Omphale dienend, die im Lande hausenden Räuber bestraft; er macht die Kerkopen unschädlich und schlägt den Syleus, welcher die des Wegs kommenden Fremden seinen Weinberg zu bestellen zwingt, mit der Hacke tot.

Ebenso wie Diodor, wohl aus derselben Quelle die Apollodorische Bibliothek II 6,3: Συλέα δὲ ἐν Λυδίᾳ [66]) τοὺς παριόντας ξένους σκάπτειν ἀναγκάζοντα σὺν ταῖς ῥίζαις τὰς ἀμπέλους σκάψας μετὰ τῆς θυγατρὸς Ξενοδίκης ἀπέκτεινε.

Die Bibliothek und Diodor verlegen also den Schauplatz nach **Lydien**, der Verfasser des Sokratiker-Briefes (Epistologr. ed. Hercher p. 630) in die **Gegend von Amphipolis**: Συλέα δὲ περὶ τὸν Ἀμφιπολιτικὸν τόπον ὑφ᾽ Ἡρακλέους ἀπολέσθαι καὶ δοθῆναι

---

65) Dies hat Kanne p. 83 schon richtig bemerkt. Weitere Zeugnisse für Thamyris s. bei Welcker d. gr. Trag. 419 sqq. — In des Sophokles Thamyrus kam der Athos vor (s. Fr. 217 Nauck); ob er Schauplatz der Handlung war, mag hier unerörtert bleiben (cf. A. Riese, Fleckeisen 1877, 293).

66) Die Hss. bieten ἐν Αὐλίδι, woran man früh Anstoss genommen hat. Schon Pierson schreibt ἐν Λυδίᾳ, cf auch Heyne zu Apd. I p. 441. Wird also diese Schreibung durch den ganzen Zusammenhang empfohlen, so kommt hinzu Tzetzes Chil. hist. 11 432 aus Apollodor schöpfend: Συλέα καὶ τὸν Αὔδιον, βιάζοντας τοὺς ξένους τοὺς ἀμπελῶνας τοὺς αὐτῶν σκάπτειν δουλείας τρόπῳ. Er denkt also an zwei (obwohl cod. Monac. A βιάζοντα u. αὐτοῦ bieten, Par. A [bei Pressel, Joannis Tzetzae epistolae p. 103] βιάζοντα, A B αὐτοῦ), jedenfalls aber hat er an dieser Stelle etwas von Lydien gelesen. Die Vermutung Herchers ἐν Φυλλίδι (Praefat. in Aen. Comm. Pol. p. VII) auf Grund der dort angeführten Stelle des 30sten Sokrat. Briefes gemacht, hebt die Corruptel in keiner Weise. Richtig urteilt auch Preller-Plew II 229,2, O. Jahn Archäolog. Zeitung 1861, 157 ff.

Λικαίῳ τῷ Συλέως ἀδελφῷ τὴν Φύλλιδα χώραν, Konon an den **Fuss des Pelion**. Überhaupt, meint O. Jahn S. 160, sei „ein bestimmtes Lokal, wo die Sage ihren natürlichen Boden gehabt hätte, schwerlich zu suchen."

Ist aber nicht Syleus Eponymos des Συλέος πεδίον bei Stageiros (Herodot VII 115)? Ist nicht Dikaios Eponymos von Dikaia (Steph. Byz. s. v. Δίκαια), der an der Bistonisbucht gelegenen Stadt? Aber wir brauchen uns von der Chalkidike nicht zu entfernen: auf ihrem Thessalien zugewandten Teil lag auch ein Dikaia, s. Plinius n. h. IV § 36[67]). Wird nicht auch diese Stadt den Dikaios als ihren Eponymos betrachtet haben? Ja wer weiss, ob nicht die Quelle des Stephanos mit Δίκαια, πόλις Θράκης überhaupt dieses auf Chalkidike gelegene gemeint hat? — Also Dikaios sowohl, als auch Syleus Eponymo für Orte der Chalkidike!

Hätte der Lokalhistoriker, **hätte Hegesippos sich diese Sage, die auf der Chalkidike ihren natürlichen Boden zu haben scheint, entgehen lassen?** Schwerlich.

Worauf waren doch Übereinstimmungen zwischen Konon und Stephanos zurückzuführen? Auf Hegesippos! Nun gut, hier haben wir wieder eine Übereinstimmung: Δίκαια, πόλις Θράκης, ἀπὸ Δικαίου τοῦ Ποσειδῶνος, so Stephanos, und bei Konon sind Dikaios und Syleus Söhne des Poseidon!

Konons Erzählung ist eine Weiterbildung der Sage, welche bei Euripides im Satyrdrama Syleus vorlag, s. Nauck FTG 453. Die ältere Fassung vertritt Diodor, wo Herakles die Xenodike samt dem Vater erschlägt, wogegen er sich bei Konon in sie verliebt und sie heiratet. Dies erotische Motiv weist auf die Alexandrinerzeit: erst die Alexandriner scheinen dasselbe in die Heraklessage hineingetragen zu haben[68]).

Im Satyrdrama Συλεύς des Euripides war hiervon nicht die Rede, wie aus dem erhaltenen argumentum desselben hervorgeht (Cramers Anecdota Paris. I S. 7): Ἡρακλῆς πραθεὶς τῷ Συλεῖ, ὡς γεωργὸς δοῦλος ἔσταλται εἰς τὸν ἀγρὸν τὸν ἀμπελῶνα ἐργάσασθαι· ἀνεσπακὼς δὲ δικέλλῃ, προρρίζους τὰς ἀμπέλους, νωτοφορήσας τε αὐτὰς εἰς τὸ οἴκημα γεωργοῦ τοῦ ἀγροῦ, ἄρτους τε μεγάλους ἐποίησε, καὶ τὸν κρείττω τῶν βοῶν θύσας, καὶ τὸν

---

67) Auf dieses Dikaia hat Gutschmid mich aufmerksam gemacht.
68) S. E. Rohde, Der griechische Roman p. 100 Anm.

πιθεῶνα διαρρήξας, καὶ τὸν κάλλιστον πίθον ἀποπωμάσας, τὸς θύρας τε ὡς τράπεζαν θεὶς ἤσθιέ τε καὶ ἔπινεν ᾄδων καὶ τῷ προεστῶτι δὲ τοῦ ἀγροῦ δριμὺ ἐνορῶν, φέρειν ἐκέλευεν ὡραῖά τε καὶ πλακοῦντας καὶ τέλος ὅλον ποταμὸν πρὸς τὴν ἔπαυλιν τρέψας, τὰ πάντα κατέκλυσεν. Ἔστι δὲ τὸ τοιοῦτον Εὐριπίδου δρᾶμα. Somit kann auch keine Rede sein von einem engeren Zusammenhang der Erzählung des Konon mit dem Satyrdrama; mit diesem hat auch die bildliche Darstellung auf der von O. Jahn a. a. O. besprochenen Volcentischen Vase nichts zu thun — wenn anders das junge Mädchen auf dem Innenbilde, vor einem Tisch stehend, in der Rechten eine Schale, in der Linken eine Kanne, von Jahn mit Recht als Xenodike gedeutet wird, beschäftigt mit den Vorbereitungen zu ihrer Verbindung mit Herakles.

Im weiteren wird Konons Erzählung sentimental: des Syleus Tochter stirbt aus Sehnsucht nach Herakles, als dieser ausser Landes geht; zufällig trifft er bei der Bestattung ein und will sich nun — nach berühmtem Muster — mit der Gattin auf dem Scheiterhaufen verbrennen, wovon er nur mit Mühe abgehalten werden kann.

Der Schluss endlich weist deutlich auf Lokaltradition: nach Herakles' Abzug umfriedigen die Anwohner das Grabmal der Frau καὶ ἀντὶ μνήματος ἱερὸν Ἡρακλέους ἀπέφηναν. Also auch hier das örtliche Gepräge, das, wie wir sahen, den aus Hegesippos entlehnten Geschichten eigen. Und so mag es als Vermutung hier stehen, dass auch diese Geschichte aus des Hegesippos Παλληνιακά geflossen ist, obwohl direkte Beziehungen auf die Chalkidike in der Erzählung, so wie wir sie lesen, gänzlich fehlen, ja obwohl die Worte περὶ τὸ Πήλιον ὄρος τῆς Θεσσαλίας ᾤκουν direkt gegen unsere Vermutung zu sprechen scheinen.

Ephoros.

Dass des Ephoros grosses Geschichtswerk, von mehreren ungefähr gleichzeitigen Schriftstellern, Diodoros, Nikolaos, Trogus Pompeius, Strabon, in weitem Umfang benutzt, auch dem Konon vorgelegen habe, hat gewiss schon mancher vermutet, der mit diesem sich zu beschäftigen Anlass gehabt. Auch ist der Beweis, dass Konon den Ephoros ausgeschrieben hat, nicht schwer zu erbringen; schwieriger ist die Beantwortung der Frage, in welchem Umfang das geschehen ist.

XIV.

Von den meisten der zahlreichen Schriftsteller, welche von Endymion handeln, entfernt sich Konon dadurch, dass er weder seine Schlafsucht, noch die Liebe der Selene zu dem schönen Schläfer erwähnt. Vielmehr läuft die Erzählung in den Worten aus καὶ τῇ κτισθείσῃ πόλει ὑπὸ 'Ενδυμίωνος Ἦλιν ἐπώνυμον ἔθετο, woraus erhellt, dass wir lediglich die Gründungssage von Elis vor uns haben. Über die Vorlage erhalten wir Aufschluss durch Vergleichung mit Strabon.

Konon:

ὡς ('Ενδυμίων) δύο τέκοι παῖδας Εὐρυπύλην καὶ Αἰτωλόν, ὃς ἐκ Πελοποννήσου τὴν πατρῴαν λιπὼν ἀρχὴν εἰς τὴν ἀντιπέρα ταύτης γῆν μετὰ τῆς ἑπομένης μοίρας Κουρῆτας ἐκβαλὼν ᾤκησε καὶ ἀντὶ Κουρήτιδος Αἰτωλίδα καλεῖσθαι δίδωσιν.

Strabon VIII 357:

Ἔφορος δέ φησιν Αἰτωλὸν ἐκπεσόντα ... ἐκ τῆς 'Ηλείας εἰς τὴν Αἰτωλίαν, ὀνομάσαι τε ἀφ' αὑτοῦ τὴν χώραν; X 463: Ἔφορος ἐξ ἀρχῆς μέν φησιν ἅπασαν τὴν χώραν (der Aetoler) Κουρῆτας κατασχεῖν, ἀφικομένου δ' ἐξ Ἤλιδος Αἰτωλοῦ τοῦ 'Ενδυμίωνος καὶ τοῖς πολέμοις κρατοῦντος αὐτῶν, τοὺς μὲν Κουρῆτας εἰς τὴν νῦν καλουμένην 'Ακαρνανίαν ὑποχωρῆσαι κτλ.[69])

Nun sagt das Scholion zu Pindar Olymp. III 19 . . Αἰτωλός δὲ ἀντὶ τοῦ 'Ηλεῖος. 'Οξύλος γάρ τις, εἷς τῶν Αἰτωλῶν, ἡνίκα ἐπὶ τὴν Πελοπόννησον οἱ 'Ηρακλεῖδαι ἠπείγοντο, καθηγήσατο αὐτοῖς τῆς ὁδοῦ. ἀντιδόσεως δὲ τρόπῳ τινὶ τὴν 'Ηλείων ἡγεμονίαν παρ' αὐτῶν λαμβάνει· παρ' οὗ λοιπὸν οἱ 'Ηλεῖοι Αἰτωλοὶ ὠνομάσθησαν. διὰ τοῦτο οὖν Αἰτωλὸς ἀνὴρ ὁ 'Ηλεῖος. Ἄλλως. Αἰτωλὸς ἀνὴρ ὁ 'Ηλεῖος, ἤτοι ἀπὸ Αἰτωλοῦ τοῦ 'Ενδυμίωνος, ὃς ἦν 'Ηλεῖος, ἀποκτείνας δὲ Ἆπιν ἐν τοῖς ἐπ' 'Αζᾶνι ἄθλοις ἔφυγεν εἰς τὴν πρό-

---

69) Vgl. Pseudo-Skymnos 473 ff. Aus Ephoros hat auch 'Αριστοτέλης ἐν τῷ πέπλῳ geschöpft, dessen Bericht im Scholion zu Homer Λ 689 und Etymol. M. 426,8 s. v. Ἦλις vorliegt. (Im Et. M. heisst der Gründer von Elis-Eleus, gleich nachher 426,29 Eleios.) Aehnlich auch Pausan. V 1, 2—6, nur dass er statt der Eurypyle eine Eurykyde setzt; darüber s. G. Hermann, de iteratis apud Homerum p. 15 und Schneidewin im Philologus 1846 p. 11; der veränderte Name ist aber natürlich kein Fehler, sondern Variante.

τερον Κουρῆτιν, Αἰτωλίαν δὲ ὕστερον ἀπ' αὐτοῦ κληθεῖσαν· ἢ ἀπὸ 'Οξύλου κτλ. (Vgl. zu V. 22 und Olymp. IX 86). Es gab hiernach verschiedene Fassungen: Konon aber giebt gerade die wieder, welche Ephoros gegeben hat.

XLI.

In einer Abhandlung De fabulis nonnullis Cyzicenis (Commentat. phil. in hon. Sodalitii phil. Gryph. p. 33 ff) hat Knaack Konon 41 auf Ephoros zurückgeführt. Wir schliessen uns seinem Resultate und dem Gang seiner sorgfältigen Untersuchung an.

Konon handelt im ersten Teil seiner Erzählung von Antandros, im zweiten von Kyzikos. Hier zeigt er Übereinstimmungen mit Apollonios' Argonautika I 936—1077; aber während dieser von einer zweimaligen Landung der Argonauten spricht, hat Konon nur eine einmalige. Apollonios sagt nichts vom Grund des Hasses der Bewohner von Kyzikos gegen die Argonauten, den Konon angiebt; und nun berichtet der Scholiast zu 1037: περὶ δὲ τῆς τοῦ Κυζίκου ἀναιρέσεως καὶ τῆς ὅλης μάχης οὐ συμφωνεῖται. Ἔφορος μὲν γάρ φησι τοὺς Δολίονας Πελασγοὺς ὄντας καὶ ἐχθρωδῶς διακειμένους πρὸς τοὺς τὴν Θεσσαλίαν καὶ Μαγνησίαν κατοικοῦντας διὰ τὸ ἀπελασθῆναι ὑπ' αὐτῶν ἐπιθέσθαι αὐτοῖς, γράφων ἐν τῇ ἐνάτῃ. ἠκολούθηκε δὲ Ἀπολλώνιος Δηιλόχῳ. Apollonios ist dem Deilochos gefolgt, und der Scholiast stellt dem Bericht des Deilochos den des Ephoros gegenüber; aber gerade mit dem aus Ephoros Angeführten stimmt Konon überein. Ferner: der Name der Gattin des Kyzikos wurde verschieden angegeben; Kleite, des Merops Tochter, nannte auch Ephoros [70]. Bei Konon ist Kyzikos Sohn des Apollon, bei Apollonios Enkel, seine Eltern Aineus und Ainete: wir werden den einfacheren Stammbaum dem Ephoros zuschreiben, der die einfachere Erzählung gegeben zu haben scheint.

Für Antandros giebt Konon eine doppelte Etymologie, dieselbe Mela I 18 (§ 92 Frick): duplex causa nominis iactatur . alii Ascanium Aeneae filium cum ibi regnaret captum a Pelasgis ea se redemisso commemorant, alii ab his putant conditam quos ex Andro insula vis et seditio exegerat . hi Antandrum quasi pro Andro, illi quasi pro viro accipi volunt. Dies muss auf die gleiche Quelle zurückgehen, wie Konon. Nun erwähnt Mela gleich darauf § 94 ein

---

[70] Allerdings auch Deilochos: schol. Apollon. 974. 1063.

auf dem Idagebirge beobachtetes Naturwunder, welches der Geograph nach einer Beobachtung von Hansen Beiträge zu alten Geographen (Progr. v. Sondershausen 1879) p. 7 allem Anschein nach aus Ephorus entlehnt hat [71]).

Wir werden demnach sowohl für den ersten, als für den zweiten Teil auf Ephoros als Gewährsmann hingewiesen. Einen Zusammenhang zwischen den beiden Teilen sucht Knaack S. 36 durch die Namen herzustellen. Merops hat ausser Kleite eine Tochter Arisbe, welche nach den einen Priamos, nach den anderen Alexandros (so Ephoros: Steph. Byz. s. v. Ἀρίσβη) heiratet. Eine andere Gemahlin des Priamos war Alexiroe des Antandros Tochter, und dadurch, sagt Knaack, werden wir auf den ersten Teil der Erzählung hingewiesen. Das will uns etwas künstlich scheinen, zumal besagte Alexiroe weder für Ephoros bezeugt, noch von Konon erwähnt wird. Dabei meint Knaack selbst, dass die Erzählung dem Zusammenhang entlehnt ist, in welchem Ephoros über pelasgische Ansiedlungen sprach. Entweder war dies der Zusammenhang, dann brauchte Ephoros mindestens die Verknüpfung durch die Namen nicht, oder erzählte er im Anschluss an Priamos und sein Haus, dann stand die Geschichte nicht im neunten Buch, welches der Apolloniosscholiast zu I 1037 zitiert. In diesem Buch behandelte Ephoros nach Dressler [72]) die Geschichte des Dareios bis zur Niederwerfung des jonischen Aufstandes; dass hier die beiden Geschichten vereinigt gestanden haben, wie wir sie bei Konon lesen, ist recht unwahrscheinlich. Es ist indessen auch nicht nötig anzunehmen, dass sie in der Quelle beisammen standen.

XXXVI. XLVII.

Strabon VIII 364.

ὡς Φιλόνομος ὁ Σπαρτιάτης προ- | Φησὶ δ' Ἔφορος τοὺς ...
δοὺς Λακεδαίμονα Δωριεῦσι δῶρον | Ἡρακλείδας ... Ἀμύκλας ἐξαί-
ἔχει Ἀμύκλας καὶ συνοικίζει | ρετον δοῦναι τῷ προδόντι αὐτοῖς
ταύτην ἐξ Ἴμβρου καὶ Λήμνου. | τὴν Λακωνικήν 365: κατὰ δὲ

---

71) Etwas später, § 98, erwähnt Mela auch den Tod des Kyzikos: nomen Cyzicus indidit, quem a Minyis imprudentibus, cum Colchos peterent, fusum acie caesumque accepimus.

72) Über die Fragmente des Ephorus. Progr. v. Bautzen 1873 S. 19 — eine für die Ökonomie des Geschichtswerkes wichtige Schrift.

την τῶν Ἡρακλειδῶν κάθοδον Φιλονόμου προδόντος τὴν χώραν τοῖς Δωριεῦσι etc.

Vermuten lässt schon diese Strabonstelle, dass Konon wiederum den Ephoros herangezogen habe. Ausführlicher erzählt Nikolaos Fr. 36 (III 375 Muell.): Ὅτι τὸν Ἀμυκλαῖον νομὸν κατὰ τὰς ὁμολογίας τῷ προδότῃ Φιλονόμῳ ἐξελόντες οἱ Ἡρακλεῖδαι ἀνέμητον ἀφῆκαν. Οἱ δὲ Ἡρακλεῖδαι ἀναδασάμενοι καὶ τοῦτον ἐνέμοντο. Ὕστερόν γε μὴν ἀφικομένῳ ἐκ Λήμνου σὺν λαῷ, ὅντινα ἐπὶ τῇ ἴσῃ καὶ ὁμοίᾳ (συνεπήγετο), πάλιν ἀπέδοσαν. Καὶ ὃς τοῖς ἥκουσι διελὼν τὴν γῆν, ᾤκει ἅμα αὐτοῖς βασιλεύων Ἀμυκλῶν. Nikolaos ergänzt den Strabon in willkommener Weise, indem auch er die Heranziehung lemnischer Ansiedler erwähnt, von welchen Konon spricht; darüber, dass des Nikolaos Bericht aus Ephoros geflossen, kann kein Zweifel bestehen [73]).

In der dritten Generation nach der Rückkehr der Herakliden werden die Eingewanderten aufrührerisch und segeln unter Führung von Polis und Delphos nach Kreta. Hiermit stimmt, was Plutarch, Quaestiones Graecae 21 erzählt: Τυρρηνούς φασι . . . ὁπηνίκα Λῆμνον καὶ Ἴμβρον κατῴκουν, εἶτ' ἐκπεσόντας, εἰς τὴν Λακωνικὴν ἀφικέσθαι . . . Ἐκ δ' ὑποψίας καὶ διαβολῆς πάλιν ἀναγκασθέντας ἐκλιπεῖν τὴν Λακωνικήν, μετὰ παίδων καὶ γυναικῶν εἰς Κρήτην κατᾶραι, Πόλλιν ἡγεμόνα <καὶ> τὸν ἀδελφὸν ἔχοντας. Von den Zwistigkeiten zwischen Lakoniern und den von Lemnos und Imbros Eingewanderten erfahren wir mehr in Plutarchs Schrift Γυναικῶν ἀρεταί 8: die Tyrrhener haben den Taygetos besetzt und sich mit den Heloten verbündet; die Spartaner, in Furcht geraten, machen Frieden mit ihnen ἐπὶ τῷ κομίσασθαι μὲν αὐτοὺς τὰς γυναῖκας, χρήματα δὲ καὶ ναῦς λαβόντας ἐκπλεῦσαι καὶ γῆς τυχόντας ἀλλαχόσε καὶ πόλεως, ἀποίκους Λακεδαιμονίων καὶ συγγενεῖς νομίζεσθαι.

Konon:	Plutarch:
. . . ἔπλεον ἐπὶ τῆς Κρήτης. ἐν τῷ παράπλῳ δὲ τοῦδε τοῦ στόλου Μῆλον ἀπόδασμος οἰκίζει, καὶ τὸ τῶν Μηλιέων γένος ἐνθένδε οἰκειοῦται Σπαρτιάτας. οἱ	Ταῦτ' ἔπραττον οἱ Πελασγοί, Πόλλιν ἡγεμόνα καὶ ἀδελφὸν Κραταΐδαν Λακεδαιμονίους λαβόντες· καὶ μέρος μὲν αὐτῶν ἐν Μήλῳ κατῴκησαν· τοὺς δὲ πλείσ-

---

[73]) S. auch O. Mueller, Dorier I² 96.

δὲ λοιποὶ ἅπαντες Γόρτυναν | τοὺς οἱ περὶ Πόλλιν ἔχοντες εἰς
μηδενὸς εἴργοντος λαβόντες ταύ- | Κρήτην ἔπλευσαν.
την ἅμα τῶν περιοίκων Κρητῶν
συνοικίζουσιν.

Die Berichte, der des Konon und der übereinstimmende des Plutarch, machen den Eindruck eines Abschnitts aus der fortlaufenden Erzählung eines Geschichtswerkes. Mit Plutarch aus einer Quelle, unserer Meinung nach Ephoros, schöpfte Polyainos VII 49. Dieser erzählt aber nur das Verhalten der tyrrhenischen Frauen und schliesst mit den Worten ἔδωκαν δὲ καὶ χρήματα καὶ ναῦς καὶ ὡς ἀποίκους Λακεδαιμονίων ἐξέπεμψαν. Angeknüpft hat der gemeinsame Gewährsmann des Plutarchos und Polyainos, im Weiteren auch von Konon ausgeschrieben, an Herodotos' Erzählung von den aus Lemnos vertriebenen und nach Lakedaimon gekommenen Minyern (IV 145 ff); er hat das hier Berichtete teils ganz herübergenommen — so die List der Frauen —, teils weiterentwickelt.

In die zusammenhängende Geschichtserzählung, aus welcher XXXVI genommen ist, gehört auch XLVII. Die Quelle hat das Bestreben, die Wanderzüge in Zusammenhang miteinander zu bringen. Die Auswanderung des Volkes des Philonomos unter Delphos und Polis [74]), so heisst es, geht gleichzeitig vor sich mit dem Zug der Attiker unter Neleus und mit dem Zug des Althaimenes. Dieser ist Hauptperson. Zweifellos ist, dass Ephoros die Geschichte des Althaimenes ausführlich gegeben hat, wie er ja auch gerade für die Rückkehr der Herakliden und die nächstfolgenden Generationen mit ihren Wanderzügen so ausschliesslich Quelle geworden ist, wie kaum für eine andere Periode der langen Zeit, welche sein Geschichtswerk umfasste. Die Erzählung von des Temenos Sohn Keisos und seinen Söhnen, worunter Althaimenes, bei Nikolaos von Damaskos (Fr. 38 [75]) ist sicher auf ihn zurückzuführen. So auch das, was bei Strabon über des Keisos Sohn Althaemenes zu lesen; freilich ist es wenig genug. Bei der Beschreibung von Kreta X 479 heisst es: Τοῦ δὲ ποιητοῦ τὸ μὲν ἑκατόμπολιν λέγοντος, τὸ δὲ ἐνενηκοντάπολιν,

---

74) Kanne meint S. 141, dass mit den beiden Namen derselbe Mann gemeint sei; doch hat schon Heyne S. 178 widersprochen. Die angeführten Plutarchstellen können den Verdacht erwecken, dass der Name Delphos bei Konon überhaupt nur aus Ἀδελφός verdorben sei.

75) Vgl. Diod. VII 14a, Skymnos 531 ff, Strabon VIII 389 und C. Mueller zu Nikolaos.

Ἔφορος μὲν ὕστερον ἐπικτισθῆναι τὰς δέκα φησὶ μετὰ τὰ Τρωικὰ ὑπὸ τῶν Ἀλθαιμένει τῷ Ἀργείῳ συγκολουθησάντων Δωριέων (Ephoros ist hier nach Niese durch Apollodoros vermittelt) und in demselben Buch 481 gelegentlich der Besprechung des Lykurgos (aus Ephoros) wird bemerkt, derselbe sei um fünf γενεαί jünger als Althaimenes, der die Kolonie nach Kreta führte. Schliesslich wird Althaimenes erwähnt anlässlich der Besprechung von Rhodos XIV 653: οἱ γὰρ Δωριεῖς οἱ τὰ Μέγαρα κτίσαντες μετὰ τὴν Κόδρου τελευτὴν οἱ μὲν ἔμειναν αὐτόθι, οἱ δὲ σὺν Ἀλθαιμένει τῷ Ἀργείῳ τῆς εἰς Κρήτην ἀποικίας ἐκοινώνησαν, οἱ δ' εἰς τὴν Ῥόδον καὶ τὰς λεχθείσας ἀρτίως πόλεις ἐμερίσθησαν. Die Worte Strabons sind so knapp, dass nicht genau daraus ersichtlich ist, was Ephoros von Althaimenes erzählte. Unter wessen Führung die Dorer nach Rhodos fahren, ist nicht bemerkt; es ist nicht bemerkt — wie bei Konon — dass Althaimenes sie führt, aber auch nicht, dass er in Kreta bleibt. So möchte Ephoros erzählt haben so wie Konon, dass die Dorer unter Führung des Althaimenes nach Kreta gesegelt seien, er selbst sei — gleich oder später — weitergefahren nach Rhodos. Da wir durch den Zusammenhang der vorliegenden Erzählung mit XXXVI auf die Annahme der Benutzung des Ephoros hingewiesen sind, wird die eben ausgesprochene Vermutung nicht zu kühn erscheinen.

Dem Konon und Strabon, welche nur einen Althaimenes, den Argiver, kennen, steht eine andere Tradition, vertreten durch Diodoros V 59 und Apollodorus III 2,1 gegenüber, welche den Althaimenes Sohn des Katreus von Kreta nennt. Dieser Althaimenes wandert aus Furcht, seinen Vater zu töten — wie ihm vom Orakel geweissagt — nach Rhodos aus. Es gab demnach 2 Althaimenes: der eine, der Argiver führt eine Kolonie nach Kreta, der andere, geborener Kreter, eine Kolonie nach Rhodos. Diese hat der Autor des Konon vereinigt und erzählt, Althaimenes sei, ehe er nach Rhodos gekommen, bei Kreta gelandet und habe einen Teil der Kolonisten dort gelassen [76]). Dieser Kombination fiel dann freilich die Geschichte von dem unbeabsichtigten Mord des Vaters Katreus durch seinen

---

76) So auch A. Becker de Rhodiorum primordiis (Comment. philol. Jenens. II 1883) p. 121 sqq., mit dem ich hierin übereinstimme. — Daran, dass die beiden Alth. zu scheiden, hatte Grote erinnert Gesch. Gr. I 360 nach Wesselings Vorgang; Duncker V 232,2 warf sie wieder zusammen.

Sohn zum Opfer. Die Gründungssage war dem Autor die Hauptsache, und er suchte die beiden Gründungssagen zu vereinigen. Dies Bestreben entspricht ganz besonders der pragmatisierenden Art des Ephoros [77]).

XXV.

Dass die Ansiedelung von Kretern in Japygien Resultat der Kämpfe der Kreter, welche auf Sizilien den Tod ihres Königs Minos rächen wollten, gewesen sei, ist eine Tradition, welche schon bei Herodotos VII 170 vorliegt.

Konon:

ὡς Μίνως . . . κατὰ ζήτησιν Δαιδάλου στόλῳ πλεύσας εἰς Σικανίαν (αὕτη δ' ἐστὶν ἡ νῦν Σικελία) ὑπὸ τῶν Κωκάλου θυγατέρων . . . ἀναιρεῖται.

καὶ τὸ Κρητικὸν πολεμεῖ Σικελοῖς ὑπὲρ τοῦ βασιλέως καὶ ἡττᾶται. καὶ ἐπανιόντες ὑπὸ χειμῶνος ἐξέπεσον εἰς Ἰάπυγας καὶ αὐτόθι τότε ἱδρύσαντο, ἀντὶ Κρητῶν γεγονότες Ἰάπυγες.

Herodotos:

λέγεται γὰρ Μίνων κατὰ ζήτησιν Δαιδάλου ἀπικόμενον ἐς Σικανίην τὴν νῦν Σικελίην καλευμένην ἀποθανεῖν βιαίῳ θανάτῳ· ἀνὰ δὲ χρόνον Κρῆτας . . . ἀπικομένους στόλῳ μεγάλῳ ἐς Σικανίην πολιορκεῖν ἐπ' ἔτεα πέντε πόλιν Κάμικον . . . τέλος δὲ . . . ἀπολιπόντας οἴχεσθαι. ὡς δὲ κατὰ Ἰηπυγίην γενέσθαι πλέοντας, ὑπολαβόντα σφέας χειμῶνα μέγαν ἐκβαλεῖν ἐς τὴν γῆν· . . . ἐνθαῦτα Ὑρίην πόλιν κτίσαντας καταμεῖναί τε καὶ μεταβαλόντας ἀντὶ μὲν Κρητῶν γενέσθαι Ἰηπυγας Μεσσαπίους, ἀντὶ δὲ εἶναι νησιώτας ἠπειρώτας.

Hier finden wir, dass Konon in einem Abhängigkeitsverhältnis zu Herodotos steht. Aber irren würden wir, wollten wir an ein direktes denken: im weiteren gehen die beiden Berichte total auseinander. Kein Wort davon bei Herodot, dass die in Japyger verwandelten Kreter sich wieder aufmachen und ins Land der Bottiaier gelangen. Auch besteht eine wenngleich nicht wesentliche Differenz zwischen Konon und dem Vater der Geschichte: bei dem letzteren wird die Ansiedlung in Japygien von kretischen Schaaren ausgeführt,

---

[77]) S. darüber Endemann Beiträge zur Kritik des Ephoros (Diss Marburg 1881) 20.

eine Zeitlang nach König Minos' Tod herübergekommen, ihn zu rächen; bei ersterem haben wir, wollen wir seinen Worten nicht Gewalt anthun, an die Begleiter des Minos zu denken.

Aus der Vergleichung Konons mit Herodotos ergiebt sich nunmehr Folgendes: Erstens bestand die Tradition, welche den ersten Teil der Erzählung des Konon ausmacht und bei Herodotos vorlag; zweitens bestand eine Tradition von einer Wanderung der Japyger nach dem Bottiaierlande. Konons Quelle hat beide Wandersagen verschmolzen. Finden wir die gleiche Eigentümlichkeit anderwärts wieder, so kann sich daraus ein wichtiger Schluss ergeben. Sie findet sich in der That. Strabon erzählt im sechsten Buch anlässlich der Gründungsgeschichte von Tarent p. 279: ἧκον οὖν σὺν Φαλάνθῳ οἱ Παρθενίαι καὶ ἐδέξαντο αὐτοὺς οἵ τε βάρβαροι καὶ οἱ Κρῆτες οἱ προκατασχόντες τὸν τόπον. τούτους δ' εἶναί φασι τοὺς μετὰ Μίνω πλεύσαντας εἰς Σικελίαν, καὶ μετὰ τὴν ἐκείνου τελευτὴν τὴν ἐν Καμικοῖς παρὰ Κωκάλῳ συμβᾶσαν ἀπάραντας ἐκ Σικελίας κατὰ δὲ τὸν ἀνάπλουν δεῦρο παρωσθέντας, ὧν τινας ὕστερον πεζῇ περιελθόντας τὸν Ἀδρίαν μέχρι Μακεδονίας Βοττιαίους προσαγορευθῆναι. Ἰάπυγας δὲ λεχθῆναι πάντας φασὶ μέχρι τῆς Δαυνίας ἀπὸ Ἰάπυγος, ὃν ἐκ Κρήσσης γυναικὸς Δαιδάλῳ γενέσθαι φασὶ καὶ ἡγήσαθαι τῶν Κρητῶν· (Τάραντα δ' ὠνόμασαν ἀπὸ ἥρωός τινος τὴν πόλιν.)

Also genau dieselbe Fortführung der bei Herodotos vorliegenden Sage. Auch lässt Strabon genau wie Konon die Ansiedlung in Japygien von den Begleitern des Minos ausführen. Mit Sicherheit können wir somit die Benutzung derselben Quelle statuieren, und es fragt sich, wen Strabon benutzt hat.

In der Mitte von p. 278 kommt Strabon mit den Worten Περὶ δὲ τῆς κτίσεως Ἀντίοχος λέγων φησὶν auf die Gründung von Tarent zu sprechen. C. Mueller lässt dies Antiochosfragment (14) mit den Worten des Orakelspruches schliessen Σατύριόν τοι δῶκα κτλ, mit Unrecht, denn erst am Schlusse des Abschnittes stehen die Worte, welche ich oben in ( ) gesetzt habe, Τάραντα δ' ὠνόμασαν κτλ. Mit der Namengebung ist die Gründung doch wohl erst beendet. Nun können wir aber die Worte τούτους δ' εἶναί φασι u. s. w. nicht wohl als aus Antiochos geflossen ansehen, da sie eine Fortbildung der bei Herodot gegebenen Sage enthalten; auch unterbrechen sie etwas ungeschickt den Zusammenhang der Erzählung, welche mit Τάραντα δ' ὠνόμασαν wieder aufgenommen und zu Ende geführt wird.

Vollends die Bemerkung, dass die in Japygien ansässig gewesenen Kreter hernach zu den Bottiaiern gezogen seien, hat an dieser Stelle wenig Zweck und der Verdacht liegt nahe, dass die Worte aus einem anderen Zusammenhang herrührend von Strabon als erklärender Zusatz an ihre jetzige Stelle gebracht sind. Sieht man nun, dass Strabon gleich nach den Worten Τάραντα δ' ὠνόμασαν ἀπὸ ἥρωός τινος τὴν πόλιν den Bericht des Ephoros giebt, der im Wesentlichen den Antiochos ergänzt [78]), so liegt wiederum hierdurch die Vermutung nahe, dass auch an unserer Stelle Strabon aus Ephoros den Antiochos ergänzt hat.

Ephoros mag gleich bei der Erzählung von Minos' Zug nach Sizilien die weiteren Schicksale der Kreter verfolgt haben; von der Ankunft des Daidalos bei Kokalos handelte er im siebenten Buch, s. Fr. 99: Ἔχουσι δὲ καὶ περὶ Δαιδάλου τῆς ἀφίξεως πρὸς Κώκαλον τὸν Σικανῶν βασιλέα Ἔφορος μὲν ἐν τῇ ζ, Φίλιστος δὲ ἐν τῇ πρώτῃ.

XXVI.

Für den ersten Teil der Erzählung, von Karnos handelnd, einem apollinischen Wahrsager, der die Herakliden auf ihrer Wanderung begleitet, haben wir Parallelstellen in Fülle. Pausanias III 13,4 und das Scholion zu Theokrites V 83 kommen dem Konon ziemlich nahe; der Scholiast sagt, die Geschichte stehe bei Theopompos und dieser hat also ähnlich erzählt wie Konon. Theopompos kann aber nicht Quelle sein, denn er verfolgte mit der Erzählung den Zweck, den Kult des Apollon Karneios zu erklären, während dies Interesse bei Konon offenbar nicht vorliegt [79]). Vielmehr ist bei diesem klar, dass wir einen Abschnitt aus einer fortlaufenden Geschichtserzählung, und zwar einem Passus über Wanderzüge vor uns haben.

Die Herakliden gelangen nach dem Peloponnes. Hippotes aber zeugt ἀλώμενος einen Sohn, welcher daher Aletes heisst. Dieselbe Etymologie giebt das Etymologicum M.: εἴρηται ὅτι ὁ Ἱππότης ... ἀλητεύων (so mit Ruhnken statt λῃστεύων) ἔσχεν αὐτόν.

---

78) Endemann S. 18; G. Hunrath Über die Quellen Strabo's im sechsten Buch. Diss. Marburg, 1879 S. 34.

79) Ausser den genannten vgl. Apollodoros II 8.3 (ohne Nennung des Namens Karnos; statt λιμῷ hier zu schreiben λοιμῷ); Etymol. M. v. Ἀλήτης 61,50 (hier Karnis); schol. Callim. hymn. II 71 und schol. Pind. Pyth. V 106, wonach Aletes den Karnos tötet.

Aletos erobert Korinth; vgl. neben anderen Zeugnissen Ephoros Fr. 16 (Strabon VIII 389).

Aletes zieht gegen Athen. Erzählt Konon, dass zu König Kodros Zeiten die Korinther einen Einfall in Attika unternommen haben, so scheint er sich in Widerspruch mit der gewöhnlichen Tradition zu befinden, welche von einem Einfall der Peloponnesier spricht. Mit Recht aber hat schon Kanne S. 125 die Bemerkung gemacht, dass Konon gleichwohl mit Strabon zu vereinigen sei, welcher IX 393 berichtet, die Herakliden hätten, von Korinthern und Messeniern aufgereizt, den Angriff unternommen. Bei Gelegenheit dieses dorischen Angriffs auf Attika wurde Megara dorisch, wie schon bei Herodotos V 76 zu lesen. Strabon sagt hierüber: (οἱ Ἡρακλεῖδαι) ἡττηθέντες μάχῃ τῆς μὲν ἄλλης ἐξέστησαν γῆς, τὴν Μεγαρικὴν δὲ κατέσχον καὶ τήν τε πόλιν ἔκτισαν τὰ Μέγαρα καὶ τοὺς ἀνθρώπους Δωριέας ἀντὶ Ἰώνων ἐποίησαν. Diese Nachricht lässt sich ergänzen aus Skymnos 502 ff: Εἶτεν συνάπτει Μέγαρα, Δωρικὴ πόλις· σύμπαντες αὐτὴν ἐπόλισαν γὰρ Δωριεῖς, πλεῖστοι Κορίνθιοι δὲ καὶ Μεσσήνιοι. Strabon und Skymnos gehen, wo sie übereinstimmen, auf Ephoros zurück, der demnach erzählt hat, dass bei dem Zug gegen Attika — die Dorisierung Megaras war ja nur ein Resultat dieses Zuges — Korinther waren. Nun erwähnt allerdings Konon zunächst nur die Korinther als die Angreifer, aber es lässt sich zeigen, dass Photios hier Einiges ausgelassen hat; denn auf den letzten Zeilen ist nur noch von Dorern, nicht mehr speziell Korinthern, die Rede: Kodros wird erschlagen ὑφ' ἑνὸς τῶν Δωριέων und die Dorer schliessen Frieden mit Athen.

Die Geschichte vom Opfertod des Kodros ist seit Pherekydes (Fr. 110) oft wiedererzählt worden, uns am bekanntesten aus Lykurgos κατὰ Λεωκρ. p. 158 und Justinus II 6,7. Die Vergleichung mit den Parallelstellen liefert keinen weiteren Anhalt zur Bestimmung der Quelle. Die Geschichte kursierte in der herkömmlichen Gestalt und war auch zu bekannt, als dass es noch nötig erschienen wäre, einen Gewährsmann dafür zu nennen.

XXIX.

Der Anfang der Erzählung bezieht sich auf Homer B 756: Μαγνήτων δ' ἦρχε Πρόθοος Τενθρηδόνος υἱός, οἳ περὶ Πηνειὸν καὶ Πήλιον εἰνοσίφυλλον ναίεσκον. Von Prothoos' Ende erzählt ein Epigramm (Anthol. Pal. App. Epigr. IX 73 sq.): Σῶμα μὲν ἐν πόντῳ Προθόου Τενθρηδόνος υἱοῦ κεῖται· ἀνοίκτιστον δ' οὔνομα τύμβος ἔχει.

Kanne hat darauf aufmerksam gemacht, dass bei Konon die nämliche Tradition vorliegt wie bei Strabon XIV 647: Δοκοῦσι δ' εἶναι Μάγνητες Δελφῶν ἀπόγονοι; er hätte noch anführen sollen XIV 636: Μαγνησία ἡ πρὸς Μαιάνδρῳ, Μαγνήτων ἀποικία τῶν ἐν Θετταλίᾳ καὶ Κρητῶν [80]), welche Stelle besonders wichtig, weil sie in nuce Konons ganze Erzählung zu enthalten scheint. Nicht richtig führt indessen Kanne an Ephorus ap. Strab. XIV. p. 958 (= C 647) ad. Eustath. ad Homer. p. 337, denn weder Eustathios noch Strabon selbst nennen den Namen des Ephoros. Dafür, dass Ephoros wirklich der Gewährsmann Konons ist, spricht aber Folgendes: erstens die Übereinstimmung mit Strabon an sich, weiter der Umstand, dass hier mehrere Sagen über Ansiedelungen miteinander verknüpft erscheinen, was als Eigentümlichkeit der Geschichtsbehandlung des Ephoros mehrfach beobachtet worden ist.

XXXXIV. XXXIII.

Mit seiner Erzählung XXXXIV, von Leodamas und Phitres, die sich um die Herrschaft streiten, bis endlich das Kriegsglück zu Gunsten des Leodamas entscheidet, steht Konon vollkommen allein. Aber in den Abschnitt milesischer Geschichte, aus welchem Konons Erzählung geflossen ist, gehört offenbar hinein, was Nikolaos von Damaskos Fr. 54 (FHG III 388) berichtet. Das Fragment beginnt: Ὅτι Λεωδάμας ἐβασίλευσε Μιλησίων καὶ ἐν τοῖς μάλιστα ἐπῃνεῖτο, δίκαιός τε ὢν καὶ τῇ πόλει καταθύμιος, εἰς ὃ φόνον αὐτῷ βουλεύσας Ἀμφιτρῆς ἐν ἑορτῇ Ἀπόλλωνος ἄγοντα ἑκατόμβην τῷ θεῷ Λεωδάμαντα κατὰ τὴν ὁδὸν ἀπέκτεινεν. Amphitres reisst die Tyrannis an sich; später wird er von den Söhnen des Leodamas beseitigt καὶ ὁ πόλεμος καὶ ἡ τυραννὶς ἐπέπαυτο Μιλησίοις. Epimenes wird vom Volk zum Aesymneten mit unumschränkter Gewalt gewählt. Der

---

80) Dass Magnesia delphische Kolonie, sagt Aristoteles bei Athenaeus IV 173 E. Die Abstammung vom thessalischen Magnesia bezeugt C. J. Gr. 2910. Nach schol. Apollon. Rhod. I 584 ist Magnesia gegründet ὑπὸ Λευκίππου τοῦ Ξάνθου μετοικήσαντος ἐκεῖ σὺν Μάγνησι τοῖς ἐκ Κρήτης. Hierzu ist zu vergleichen Parthenius V, wonach Leukippos Thessaler nach Kreta führt und von dort nach der Gegend von Ephesos gelangt, wo er Kretinaion gründet. In welcher Beziehung dies zu dem von Konon Erzählten steht, muss dahingestellt bleiben.

Abschnitt schliesst mit den Worten: οἱ μὲν δὴ Νηλεῖδαι κατελύθησαν ὧδε.

Auch bei Konon sind Leodamas und Phitres — oder, wie wir nun mit Nikolaos schreiben dürfen: Amphitres — königlichen Blutes. Leodamas ist der letzte Nelide, der als König über Milet herrscht. Dass nun Ephoros den Ausgang der Nelidenherrschaft zu Milet ausführlicher beschrieben habe, beweisen lässt es sich aus anderen Zeugnissen nicht; aber er ist eine Hauptquelle Konons, eine Hauptquelle des Nikolaos, und die von beiden berührten Ereignisse stehen in unverkennbarem Zusammenhang.

Was Ephoros von den Anfängen Milets erzählte, wissen wir aus Strabon XIV 644 f: Zuerst wohnten Leleger dort; dann siedelte der aus dem kretischen Milet kommende Sarpedon dort sich an und gab der Stadt ihren Namen; τοὺς δὲ περὶ Νηλέα ὕστερον τὴν νῦν τειχίσαι πόλιν. Wahrscheinlich sind die kretischen Scharen, die unter Sarpedon herüberkamen, dieselben, die auch Magnesia besetzten, s. d. vor. Gesch. (XXIX).

Leodamas, so erzählt Konon, hat über die Karystier gesiegt. Ein karystisches schwangeres Weib wird mit dem Zehnten der Beute dem unter der Leitung der Branchiden stehenden Apolloheiligtum überwiesen. Und zwar war Branchos damals selbst Vorsteher des Heiligtums und des Orakels. Er nimmt das Weib auf, und der Knabe, dem sie das Leben giebt, Euangelos, wird später des Branchos Nachfolger als Vorsteher des Orakels.

Es ist nicht das einzige Mal, dass Branchos bei Konon erwähnt wird. Denn XXXIII hat seine Geschichte zum Vorwurf. Haben wir nun Recht mit unserer Annahme, dass XXXXIV aus Ephoros geflossen ist, so gewinnen wir hierdurch einen Massstab für die Beurteilung von XXXIII. Es ist höchst wahrscheinlich, dass beiden Geschichten eine und dieselbe Quelle zu grunde liegt.

Zu XXXIII haben wir einen Parallelbericht bei Lactantius zu Statius Theb. VIII 198 (daraus Mythogr. Vat. I 81. II 85) beginnend mit den Worten: Varro divinarum rerum (III Knaack) ita refert de Brancho, zum grossen Teil mit Konon genau übereinstimmend. Auf diese Stelle hat Kanne p. 138 aufmerksam gemacht, und in seiner Dissertation Analecta Alexandrino-Romana hat Knaack die Berichte nebeneinandergestellt und einer Prüfung unterzogen. Nun war in einem choriambischen Gedicht des Kallimachos von Branchos gehandelt (s. Schneider II 162), und darum hat Knaack, freilich in sehr vorsichtiger Weise, die Vermutung ausgesprochen, dass Konon und Varro auf jene Dichtung zurückgehen möchten. Wir müssen diese Vermutung auf sich beruhen lassen und uns wiederum zu Strabon wenden. Vom delphischen Tempel handelnd sagt er IX 421: δείκνυται δ' ἐν τῷ τεμένει τάφος Νεοπτολέμου κατὰ χρησμὸν γενόμενος, Μαχαιρέως Δελφοῦ ἀνδρὸς ἀνελόντος αὐτόν, ὡς μὲν ὁ μῦθος, δίκας αἰτοῦντα τὸν θεὸν τοῦ πατρῴου φόνου, ὡς δὲ τὸ εἰκός, ἐπιθέμενον τῷ ἱερῷ. τοῦ δὲ Μαχαιρέως ἀπόγονον Βράγχον φασὶ τὸν προστατήσαντα τοῦ ἐν Διδύμοις ἱεροῦ. Es folgen einige Nachrichten über die Wettkämpfe, dann fährt Strabon fort (422): Ἔφορος δ', ᾧ τὸ πλεῖστον προσχρώμεθα διὰ τὴν περὶ ταῦτα ἐπιμέλειαν ...

XIV 634 berichtet der Geograph: Μετὰ δὲ τὸ Ποσείδιον τὸ Μιλησίων ἑξῆς ἐστι τὸ μαντεῖον τοῦ Διδυμέως Ἀπόλλωνος τὸ ἐν Βραγχίδαις. Der Tempel wird von Xerxes niedergebrannt und die Milesier bauen ihn neu auf; ἐνταῦθα δὲ μυθεύεται τὰ περὶ τὸν Βράγχον καὶ τὸν ἔρωτα τοῦ Ἀπόλλωνος. Sehr zu bedauern ist, dass Strabon sich hier so kurz gefasst hat. Sehen wir uns aber nach dem Zusammenhang um: Strabon spricht von den zwölf jonischen Städten, und nachdem er noch die Bemerkung gemacht κεκόσμηται δ' ἀναθήμασι τῶν ἀρχαίων τεχνῶν πολυτελέστατα· ἐντεῦθεν δ' ἐπὶ τὴν πόλιν οὐ πολλὴ ὁδός ἐστιν οὐδὲ πλοῦς, fährt er fort Φησὶ δ' Ἔφορος τὸ πρῶτον κτίσμα εἶναι Κρητικόν, übergehend zu den Ansiedlungen, die der Reihe nach in Milet erfolgt sind (s. oben). Damit sind wir denn wieder bei der Geschichte von Milet, dem Zusammenhang, auf welchen auch die Erzählungen des Konon hinweisen.

Hat dem Konon, wie wir glauben, hier wirklich Ephoros vorgelegen, so ist dieselbe Quelle für Varro zu konstatieren.

XXX.

Die Geschichte steht, wie Kanne bemerkt hat, bei Herodot IX 93 f, nur dass der Name hier nicht Peithenios sondern Euenios ist. Einen blossen Auszug aus der Geschichte des Herodot haben wir aber bei Konon, der den Herodot auch sonst nie benutzt, nicht vor uns. Einen Zusatz bilden die Worte τῶν ἐπιφανῶν δ' ἦν ὁ Πειθήνιος, καὶ ὅσοι ἄλλοι ἐκ διαδοχῆς τῶν ἱερῶν εἶχον προβάτων τὴν ἐπιμέλειαν. Auch das Folgende, die Notiz über Apollonia und den

Fluss Aous⁸¹), lässt sich nicht aus Herodot herleiten. Dem Konon sind diese Änderungen bez. Zusätze, die sich sonst nicht bei ihm nachweisen lassen, kaum zuzutrauen; hält man unter Konons Quellen Umschau, so wird man wohl geneigt sein, sie dem Ephoros zuzuweisen, der seinerseits den Herodot benutzt hat.

Poseidonios.
XLIII.

Die Geschichte von dem frommen Brüderpaar, welches bei einem Ausbruch des Aetna unter wunderbaren Umständen die Eltern rettet, ist stark verbreitet. Die Stellen sind gesammelt von Wernsdorf P. L. M. IV 369 sqq.⁸²)

Kurz erzählt Strabon VI 269: καὶ γὰρ οἱ ῥύακες εἰς τὴν Καταναίαν ἐρρυτάτω καταφέρονται, καὶ τὰ περὶ τοὺς εὐσεβεῖς ἐκεῖ τεθρύληται τὸν Ἀμφίνομον καὶ τὸν Ἀναπίαν, οἳ τοὺς γονέας ἐπὶ τῶν ὤμων ἀράμενοι διέσωσαν ἐπιφερομένου τοῦ κακοῦ. ὅταν δ᾽, ὁ Ποσειδώνιός φησι κτλ. Die Namen sind dieselben wie bei Konon⁸³), doch ist die Erzählung zu kurz, um ohne weiteres Schlüsse darauf aufzubauen. Die Quelle aber ist der gleich hinterher genannte Poseidonios, von Strabon im sechsten Buch mehrfach benutzt, denn die Erzählung steht auch bei Seneca de benef. III 37 (cf. VI 36) und [Aristoteles] περὶ κόσμου c. 6 (p. 400 Bekker)⁸⁴), welch letztere Schrift zum grossen Teil von Poseidonios abhängig ist.

Zeigt die Stelle aus der Schrift περὶ κόσμου nun Ähnlichkeit mit Konon, so ist der Schluss sicher, dass auch Konons Bericht auf Poseidonios zurückgeht. Die Ähnlichkeit ist in der That vorhanden: ... φλόγες, αἳ μὲν ἐξ οὐρανοῦ γενόμεναι πρότερον, ὥσπερ φασίν, ἐπὶ Φαέθοντος τὰ πρὸς ἕω μέρη κατέφλεξαν, αἳ δὲ πρὸς ἑσπέραν ἐκ γῆς ἀναβλύσασαι καὶ ἐκρυήσασαι καθάπερ τῶν ἐν Αἴτνῃ

---

81) So korrigiere ich unbedenklich mit Kanne; übrigens kommt neben Aous auch Aias vor: Skylax peripl. 26 (G. G. M. I 32) Plin. III 2; § 145. Hekataios fr. 71 (Strab. VII 486).

82) Hinzuzufügen Pseudo-Aristot. περὶ θαυμασίων ἀκουσμάτων Westerm. Paradox. p. 16.

83) Anders z. B. Hygin fab. 254.

84) Klargestellt ist das Verhältnis von Rusch de Posidonio Lucreti Cari auctore (Gryph. 1882) S. 44,36. Zu περὶ κόσμου vgl. Zeller Phil. d. Gr. III³ 1,644 fl. A. 1.

κρατήρων ἀναρραγέντων καὶ ἀνὰ τὴν γῆν φερομένων χειμάρρου δίκην. ἔνθα καὶ τὸ τῶν εὐσεβῶν γένος ἐξόχως ἐτίμησε τὸ δαιμόνιον περικαταληφθέντων ὑπὸ τοῦ ῥεύματος διὰ τὸ βαστάζειν γέροντας ἐπὶ τῶν ὤμων γονεῖς καὶ σώζειν· πλησίον γὰρ αὐτῶν γενόμενος ὁ τοῦ πυρὸς ποταμὸς ἐξεσχίσθη, παρέτρεψέ τε τοῦ φλογμοῦ τὸ μὲν ἔνθα τὸ δὲ ἔνθα καὶ ἐτήρησεν ἀβλαβεῖς ἅμα τοῖς γονεῦσι τοὺς φέροντας. Wegen der überraschenden Übereinstimmung mit Konon mögen hier auch die Verse des Lucilius stehen (Aetna 625 ff Baehrens)

namque optima proles
Amphinomus fraterque eluens ab nomine fontis,
Cum iam vicinis streperent incendia tectis,
Aspiciunt pigrumque patrem matremque senentem
Eheu defessos posuisse in limine membra.
Pergite, avara manus, dites attollere praedas:
Illis divitiae solae materque paterque! etc.

Also ganz wie bei Konon ist der Gegensatz hervorgehoben zwischen der Menge, die gierig ihre Schätze in Sicherheit zu bringen sucht, und dem frommen Brüderpaar, dem die Eltern über Gold und Silber gehen. Auch das übrige ist entsprechend. Nun sind in dem Aetnagedicht an einigen Stellen stoische Reminiszenzen beobachtet worden, und man wird nicht fehlgehen, wenn man diese ganze Schilderung ebenfalls auf Poseidonios zurückführt, um so mehr, als Seneca sicher nicht die Vorlage war.

Noch einer ist hier zu erwähnen, von dessen Verhältnis zu Konon schon oben gehandelt worden, Pausanias. Er erzählt X 28: Περὶ πλείστου γὰρ δὴ ἐποιοῦντο οἱ πάλαι γονέας, ὥσπερ ἔστιν ἄλλοις τε τεκμήρασθαι καὶ ἐν Κατάνῃ τοῖς καλουμένοις Εὐσεβέσιν, οἵ, ἡνίκα ἐπέρρει τῇ Κατάνῃ πῦρ τὸ ἐκ τῆς Αἴτνης, χρυσὸν μὲν καὶ ἄργυρον ἐν οὐδενὸς μερίδι ἐποιήσαντο, οἱ δὲ ἔφευγον ἀράμενος μητέρα, ὁ δὲ αὐτῶν τὸν πατέρα· προϊόντας δὲ οὐ σὺν ῥᾳστώνῃ, καταλαμβάνει σφᾶς τὸ πῦρ ἐπειγόμενον τῇ φλογί, καί, οὐ γὰρ κατετίθεντο οὐδ' οὕτω τοὺς γονέας, διχῇ σχισθῆναι λέγεται τὸν ῥύακα, καὶ αὐτούς τε τοὺς νεανίσκους, σὺν δὲ αὐτοῖς τοὺς γονέας τὸ πῦρ οὐδέν σφισι λυμηνάμενον παρεξῆλθεν. οὗτοι μὲν δὴ τιμὰς καὶ ἐς ἐμὲ ἔτι παρὰ Καταναίων ἔχουσιν. Auch dieser Bericht muss auf Poseidonios zurückgehen.

I.

Die Erzählung erweist sich als aus recht verschiedenen Elementen zusammengesetzt.

Der Reichtum des Midas ist motiviert durch einen Schatz, welchen er findet. Mit der Sage, welche dem Midaskinde durch Ameisen Weizenkörner in den Mund tragen lässt (Cic. de div. I 36, Aelian n. h. XII 45), hat dies offenbar nichts zu thun.

Midas König in Pierien am Bermion: alte makedonische Volkssage: Herodot VIII 138.

Midas Zuhörer des Orpheus. Auch diese Notiz steht nicht vereinzelt da: Ovid Met. XI 92 f: Midan, cui Thracius Orpheus orgia tradiderat cum Cecropio Eumolpo (vgl. Clem. Alex. adv. gent. X B, Justin XI 7). Bei Ovid ist Midas schon nach Phrygien ausgewandert zur Zeit, da der trunkene Silenos von seinen Leuten aufgegriffen und zum König gebracht wird (ad regem duxere Midan = Konon καὶ ὡς ἤχθη τὸ ζῷον). Hierin also weicht Ovid von Konon ab, nach welchem auch die Bakchosgabe dem Midas noch in Makedonien zu Teil wird, worin Konon anscheinend die ältere Gestalt der Sage vertritt[85]). Der platte Rationalismus, welcher sich zu erklären bemühte, wie Midas in den Ruf gekommen, Eselsohren zu besitzen, ging verschiedene Wege[86]). Dem, welchen Konon geht, liegt wohl der folgende absonderliche Gedankengang zu grunde: Midas soll

---

[85]) Über die Verschiedenheit des Lokals der Midassage s. Stein zu Her. VIII 138, Rohde Gr. 204,3. Soviel scheint sicher, dass das makedonische Lokal das ursprüngliche war; so wahrscheinlich auch Theopompos in seiner berühmten Erzählung. Zur Entwicklung der Sage vgl. auch E. Kuhnert Midas in Sage u. Kunst. Zeitschr. d. deutsch. morgenländ. Ges. 40, 549 ff. Über die Auswanderung der Phryger s. Thraemer, Pergamos p. 289 ff.

[86]) Vgl. Schol. Lykophr. 1401 u. Tzetzes, derselbe hist. I 124 ff (kontaminiert aus dem Scholion u. Nonn. Abb. (s. Westerm. Mythogr. 377).

Eselsohren gehabt haben. Nun sagt Aristoteles, dass die langen Ohren scharf hören (de generat. animal. V 2 p. 781 b); demnach kam Midas in das Gerede, weil er scharf hörte. Er hatte nämlich gute ὠτακουσταί [87]). Der Mittelpunkt der ratiocinatio ist die Aristotelesstelle, und anscheinend nahm von ihr die Erklärung überhaupt ihren Ausgang, worauf wenigstens das alte Scholion zu Lykophron 1401 (Kinkel) hinweist: οἱ δέ φασιν, ὅτι ὀξέως ἤκουσε καὶ διὰ ταῦτα ταύτην ἔσχε τὴν ὀνομασίαν· λέγει γὰρ Ἀριστοτέλης τὸν ὄνον πολλὰ ἀκούειν.

III

Scheria hatte früher Autochthonen als Bewohner, Phaiaken, welche ihren Namen hatten von einem einheimischen König. (Dieser hiess demnach Phaiax.) So Konon. Diodor IV 72: ἐκ ταύτης (der Korkyra, der Tochter des Asopos und der Metope) δὲ καὶ Ποσειδῶνος ἐγένετο Φαίαξ, ἀφ' οὗ τοὺς Φαίακος συνέβη τυχεῖν ταύτης τῆς προσηγορίας. Φαίακος δ' ἐγένετο Ἀλκίνοος κτλ. Diese Genealogie geht zurück auf Hellanikos, wie Stephanos v. Byz. lehrt: Φαίαξ ... Ἑλλάνικος ἱερειῶν α΄ „Φαίαξ ὁ Ποσειδῶνος καὶ Κερκύρας τῆς Ἀσωπίδος, ἀφ' ἧς ἡ νῆσος Κέρκυρα ἐκλήθη etc. [88])

Später siedelte sich dort eine Abteilung von Korinthern an, veränderte den Namen in Kerkyra und herrschte über die dortigen Gewässer. Dieser Satz giebt sich als Einlage zu erkennen: sofort darauf kehrt Konon wieder zu Phaiax zurück. Kanne bemerkt p 72: es fehle uns über diese Begebenheit an Zeugnissen anderer Schriftsteller — mit Unrecht, denn offenbar ist damit jenes weit spätere und hinreichend bekannte Zeitalter gemeint, in welchem Chersikrates von Korinth nach Kerkyra kam, s. Strabo VI 269: πλέοντα δὲ τὸν Ἀρχίαν εἰς τὴν Σικελίαν καταλιπεῖν μετὰ μέρους τῆς στρατιᾶς τοῦ τῶν Ἡρακλειδῶν γένους Χερσικράτη συνοικιοῦντα τὴν νῦν Κέρκυραν καλουμένην, πρότερον δὲ Σχερίαν. (Der Abschnitt von der Fahrt des Archias stammt allem Anschein nach aus Ephoros [89]), cf.

---

87. Vgl. das Aristophanesscholion zum Plutos 287.
88) cf. schol. Hom. ε 35, v 120. Konons Gewährsmann hatte eine andere Genealogie: er liess erst die Korinther der Insel den Namen Kerkyra geben. S. d. Folg.
89) Überhaupt scheint es, dass diesem ganzen Abschnitt bei Strabon, die Gründung von Kerkyra, Syrakus, Kroton behandelnd, ein Bericht zugrunde liegt, welcher diese Gründungen in ursächlichen Zusammenhang bringen wollte, s. Duncker Gesch. d. Alt. V 403,2.

Mueller GGM I 207; Hunrath. Über die Quellen Strabons im sechsten Buch p. 42) Schol. Apollon. Rhod. IV 1212: Νηρικράτης... ἔκτισε Κέρκυραν ἐκβαλὼν τοὺς ἐνοικοῦντας Κόλχους, ib. 1216: Τίμαιος δέ φησι... Νηρικράτη... κατῳκηκέναι τὴν νῆσον. Plutarch Qu. Gr. 11 p. 361 Duebn. (Der hier genannte Charikrates ist natürlich identisch mit Chersikrates.)

Von den Söhnen des Phaiax bleibt Alkinoos auf Kerkyra. Er hat dort ein Heiligtum: Thukyd. III 70. Nach Eustathios zu Dionys. Per. 492 hat Kerkyra, φίλον πέδον Ἀλκινόοιο (wie Dionys. sagt) zwei Häfen, von denen der eine nach Alkinoos benannt ist.

Lokros wandert mit einem Teil des Volkes aus, kommt nach Italien zu Latinos, der ihm seine Tochter Laurine zur Frau giebt. Herakles kommt mit den Rindern des Geryones nach Italien und wird von Lokros bewirtet. Latinos stiehlt einige der Rinder und wird von Herakles getötet.

Den herbeieilenden Lokros tötet der Held irrtümlich, bedauert diese That und tritt später in einer Erscheinung vor das Volk, wobei er es anweist, an der Stelle eine Stadt zu gründen. Das geschieht: die Stadt ehrt durch ihren Namen (Lokroi) das Andenken des Lokros.

Ähnlich erzählt Diodor IV 24: Ὁ δ' Ἡρακλῆς μετὰ τῶν βοῶν περαιωθεὶς εἰς τὴν Ἰταλίαν προῆγε διὰ τῆς παραλίας, καὶ Λακίνιον κλέπτοντα τῶν βοῶν ἀνεῖλε, Κρότωνα δὲ ἀκουσίως ἀποκτείνας ἔθαψε μεγαλοπρεπῶς καὶ τάφον αὐτοῦ κατεσκεύασε· προεῖπε δὲ τοῖς ἐγχωρίοις, ὅτι καὶ κατὰ τοὺς ὕστερον χρόνους ἔσται πόλις ἐπίσημος ὁμώνυμος τῷ τετελευτηκότι. Aber für einen Latinos bei Konon finden wir hier einen Lakinios, für Lokros einen Kroton, ebenso Jamblich. de vita Pyth. 50 S. 102 Kiessl. So sind auch des Phaiax Söhne nicht Alkinoos und Lokros, sondern Alkinoos und Kroton im Scholion zu Theokrit IV 32: Ἀλκίνοος[90]) καὶ Κρότων Φαίακος (Duker. statt Αἰακοῦ) υἱοί. καὶ ὁ μὲν ἐβασίλευσε τῶν Κερκυραίων, ὁ δὲ ἐν Σικελίᾳ ἔκτισε Κρότωνα. Daselbst zu V 33: τὸ Λακίνιον· ἀκρωτήριόν ἐστι τοῦτο, ἀπό τινος Λακίνου [Κερκυραίου?] τοῦ ὑποδεξαμένου Κρότωνα

---

90) Duker für Ἄλκιμος. Dieselbe Variante öfter: bei Pausanias III 15,2 Sohn des Hippokoon Alkimos. bei Apd. III 10,5 Ἀλκίνους. Ebenso ist Etymol. M. p. 138,24 = Philosteph. fr. 24 Müll. für παρὰ τὴν Ἀρήτην τὴν γυναῖκα Ἀλκίμου offenbar mit Sylburg Ἀλκίνου zu schreiben.

φεύγοντα. Man sieht, wie die Sage den veränderten Namen entsprechend hier anders gewandt ist als bei Konon. Im Gegensatz zu diesem handelt es sich um die auch bei Ovid (Met. XV Aufang) erwähnte Ankunft des Herakles bei der Stadt Kroton und um die Gründung dieser Stadt, letzteres aus Diodor ersichtlich. Damit stimmt auch das alte Scholion zu Lykophron (ed. Kinkel) 1005 ff: Ἀκρήτη, θυγάτηρ Λακινίου, ἀφ' οὗ τὸ ἐν Ἰταλίᾳ ἀκρωτήριον· αὕτη, ἐγκυμήθη Κρότωνι, ἀφ' οὗ ἡ πόλις Κροτώνη, und Servius zu Vergil Aen. III 552: Diva Lacinia contra] Junonis Laciniae templum secundum quosdam a rege conditore dictum: secundum alios a latrone Lacino, quem illic Hercules occidit. Vgl. noch Etymol. M. 541,13 und 555,16; Steph. Byz. v. Λακίνιον. Demnach unterscheidet sich Konon von den übrigen leicht zu kombinierenden Berichten wie folgt:

Phaiax		Phaiax	
Alkinoos bleibt im Lande.	Lokros Verknüpfung mit Latinos, beide von Herakles getötet. Gründung von Lokri Epizephyrii.	Alkinoos bleibt im Lande.	Kroton Verknüpfung mit Lakinos (Lakinios), beide von H. getötet. Gründung von Kroton.

Zu Hause ist die Sage — das lehrt Lakinos, der Eponymos des bei Kroton gelegenen Vorgebirges Lakinion — in Kroton; in unpassender Weise erscheint sie bei Konon nach Lokri verpflanzt. Konons Erzählung ist folglich jüngeren Datums als die gegenüberstehende.

Natürlich ist nun für Latinos bei Konon Lakinos zu schreiben, wie schon Duker zu Thukyd. III 70, freilich ohne genügende Begründung vorgeschlagen hat. Man wende nicht ein, dass der Schriftsteller, welcher die Sage von Kroton auf Lokri übertrug, den Namen geändert haben könne: eine derartige Änderung hätte doch nur dann Sinn, wenn er dem Latinos eine Beziehung gegeben hätte, entsprechend Lakinos-Lakinion. Vielmehr wird die Corruptel der Hand eines halbgelehrten Lesers oder Schreibers zur Last zu legen sein.

Es bliebe übrig, zu untersuchen, ob sich Konons Bericht etwa mit einem anderen über die Gründung von Lokri vereinigen liesse. Die Alten stritten sich jedoch nur darum, ob Lokri Epizephyrii vom einen oder vom andern Lokris des Mutterlandes aus gegründet worden sei, et adhuc sub iudice lis est[91]). Beiden Traditionen aber steht Konons Bericht schroff entgegen; wir möchten seine Erzählung lediglich für gelehrte Spielerei halten.

VI.

Die klarische Sage ist neuerdings mit glücklichem Erfolg von O. Immisch[92]) untersucht worden. Wir freuen uns fast vollständig mit ihm übereinzustimmen und können uns hier kurz fassen.

Die Grundzüge der Sage, wie sie bei Konon steht, sind uralt. Mopsos, Sohn des Apollon und der Manto, Vorsteher des klarischen Orakels, der Seherwettkampf zwischen Kalchas und Mopsos kamen vor einerseits in den Nosten[93]) (des Hagias?), andererseits bei Hesiodos (Melampodie?).

Bezüglich der Ableitung des Namens Klaros von κλῆρος stimmt Konon überein mit dem Scholion zu Apollon. I 308, zu Nikander

---

91) S. Strabon VI p. 259, Scymn. 316 f. Pausan. III 19; Duncker VI 22 gegen Ephoros, Gilbert Handbuch d. griech. Staatsaltertümer II 43.2 für Ephoros. Ephoros war für die Gründung vom opuntischen Lokri, Aristoteles und Timaios für die vom ozolischen, s. Hunrath, Über die Quellen Strabos im sechsten Buch 25 Anm.

92) Klaros. Forschungen über griechische Stiftungssagen. XVII. Suppl.-Bd. der Jahrbb. f. kl. Ph. (1889) 127 ff.

93) Proklos in Gaisfords Heph. p. 485 (Kinkel p. 52 sq.: οἱ δὲ περὶ Κάλχαντα καὶ Λεοντέα καὶ Πολυποίτην πεζῇ πορευθέντες εἰς Κολοφῶνα Τειρεσίαν ἐνταῦθα τελευτήσαντα θάπτουσι. Für Τειρεσίαν vermuteten Meineke Anal. Alex. 79 und andere Κάλχαντα nach Tzetz. z. Lyk. 427, mit Unrecht nach v. Wilamowitz Homer. Untersuch. 179. Die Vermutung des letzteren, dass Tzetzes zu 427 die Bibliothek ausgeschrieben habe, hat sich bestätigt durch Wagners vatikanische Exzerpte, s. Immisch p. 160. — Zur Gestalt der Sage bei Euphorion s. Knaack im Fleckeisen 1888, 150 und dazu Immisch 147 ff. Wenn dieser aber zu begründen sucht, dass das Euphorionzitat bei Servius zu Vergils Ekl. VI 72 (Fr. 46 Mein.) ursprünglich zu der sonderbar abweichenden Version des Leidensis gehörte, so ist hiergegen einzuwenden — worauf Knaack mich hinweist —, dass Euphorion immer nur von dem echten Servius zitiert wird, nie von den alten Scholien.

Alexiph. 11, Eustathios zu Dionys. Per. 444. Die Vorlage ist nicht zu ermitteln.

Im übrigen erweist sich Konons Erzählung als jung. Denn anlässlich des Scherwettkampfes[94]) erscheinen zwei Zuthaten zu der ursprünglichen Form der Sage: erstens der Lykierkönig Amphimachos (Immisch 164,2), zweitens der Selbstmord des Kalchas[95]) (Immisch 159 f)·

VIII.

Der Kern der Geschichte ist gute alte Sage, als deren Gewährsmann sich kein geringerer herausstellt denn Hekataios von Milet. Auf der Beobachtung fussend, dass dem alten Milesier bereits eine gewisse Vorliebe für geographisches Etymologisieren eigen gewesen, hat H. Diels in seinem schönen Aufsatz über Herodot und Hekataios (Hermes XXII 443) überzeugend dargethan, dass Hekataios in der περιήγησις Ἀσίης καὶ Λιβύης bereits von Kanobos, dem Steuermann des Menelaos, und seinem Tod durch den Schlangenbiss erzählt und den Namen der Stadt und Nilmündung Kanobos auf ihn zurückgeführt hat[96]). Hekataios also gab eine mythologische Erläuterung der betreffenden Örtlichkeiten. Sein Nachfolger Herodot schweigt gänzlich über Kanobos, und dieser verschwindet aus der Literatur bis zur Alexandrinerzeit, wo er bei Nikander (Ther. 312) wieder auftaucht.

Derjenige, welcher die Erzählung in der bei Konon vorliegenden Form geboten hat, ist gewiss nicht über die alexandrinische Periode hinaufzurücken.

Der Name Theonoe, welcher wie der der homerischen Eidothea auf die vom Vater geerbte Gabe der Mantik hinweist, ist erst von

---

94) Hauptstelle Strabon 642 f, Quelle Apollodoros' Kommentar zum Schiffskatalog; Niese Rhein. Mus. 32.292.

95) Immisch sagt 144 A. 4: kein Rätselwettkampf findet statt: τρίζον ἐπὶ πολὺ ἀλλήλοις. — Die Worte scheinen mir gerade darauf hinzudeuten, dass dem K. oder seinem Gewährsmann der Rätselwettkampf bekannt war; vielleicht hat auch Photios das betr. ausgelassen. (Gerade die Geschichten 4 ff sind stark gekürzt, s. Photios am Ende von 3). Die Abweichung indessen ist nicht wegzuleugnen.

96) Dass der Artikel Κάνωβος bei Steph. Byz. neben Strabon auf Hekataios zurückzuführen sei, hatte bereits vermutet A. v. Gutschmid, de rerum Aegyptiacarum scriptoribus Graecis (Philologus X 527). Das neue Hekataiosfragment bei Aristides II 482 bringt das Verhältnis zur Evidenz.

Euripides in der Helena der Sage eingefügt worden. Als etwas Neues tritt hier noch hinzu die Liebe der Theonoe zu Kanobos, ein Motiv, welches auf die Alexandrinerzeit hinweist, in welcher das Thema Kanobos wieder Behandlung fand [97]).
Beachtet man, dass die Ableitung des Namens bei Konon die Hauptsache, so möchte man an κτίσεις als Quelle denken; hat doch Konon in zwei Geschichten des Apollonios κτίσεις zur Quelle!

IX.

Semiramis als Tochter des Ninos kann ich sonst nur bei Macrobius (comm. in somn. Scip. II 10,7 (p. 606 Eyss.) nachweisen: nam supra Ninum, a quo Semiramis secundum quosdam creditur procreata etc. Aber die Worte, wie sie überliefert sind οὐχὶ γυναῖκα ... φησὶ Νίνου γενέσθαι, ἀλλὰ θυγατέρα stehen im Widerspruch mit dem später gesagten: λέγει δ' ὡς ἡ Σεμίραμις αὐτὴ τῷ υἱῷ λάθρα καὶ ἀγνοοῦσα μιγεῖσα u. s. w.: dieser Sohn ist doch offenbar Ninos und die hässliche Sitte soll gerade durch das Beispiel der Semiramis und des Ninos illustriert werden: demnach ist statt θυγατέρα im Anfang zu lesen μητέρα.

Konon steht mit seiner Erzählung fast vollkommen allein. Auch dem Photios erschien sie fremdartig, wie die Worte zeigen οὐκ ἔχω λέγειν εἴτε δυσὶν ὀνόμασι τὴν αὐτὴν νομίζων καλεῖσθαι ἢ τὰ περὶ Σεμιράμεως ἄλλως οὐκ εἰδώς. Konon unterschied von der persischen Atossa eine assyrische, die zugleich Semiramis hiess; sie kommt auch sonst vor bei Chronographen, s. Excerpta Latina Barbari I p. 214 (Eusebius ed. Schoene): (regnum tenuit XVIII) Attossai et Semiramis femina[98]); Euseb. vers. Arm. II p 34 a. Abr. 583 Belochi filia Batossa quae Semiramis nominata est, vgl. Hieronymus zu demselben Jahr. Vielleicht bezieht sich auf diese Atossa-Semiramis, was der Anonymus in Westermanns Paradoxographen p. 215 von einer Atossa berichtet, s. C. Mueller zu Kastors Fragmenten p. 167 (des Didotschen Ktesias).

Auffallend bleibt die Ableitung der persischen Sitte von dem assyrischen Beispiel, aber wir finden dieselbe Eigentümlichkeit wieder

---

97) M. Mayer, de Euripidis mythopoeia (Berl. 1883) 3. 15 Anm. 19 giebt als C. Roberts Ansicht: ex Euripido nomen (Theonoe) sumpsit poeta Alexandrinus, quem sequitur Conon 8.

98) Im Griechischen stand, wie Gutschmid mich belehrt hat, Ἄτοσσα ἡ καὶ Σεμίραμις.

in der Ἐκλογὴ τῶν χρονικῶν ἀπὸ Ἰωάννου ἱστορικοῦ ἀπὸ Ἀδὰμ ἕως βασιλείας Καίσαρος bei Cramer Anecdota Par. III 235: Τῆς δὲ Ἀσσυρίας μετὰ τὸν Βῆλον ἐβασίλευσε Νῖνος ὁ ἄλλος υἱὸς Κρόνου, ὅστις καὶ τὴν ἑαυτοῦ μητέρα Ῥαίαν, τὴν καὶ Σεμίραμιν, ἔλαβε γυναῖκα, ἐξ οὗ μόνοις τοῖς Πέρσαις γαμεῖν τὰς ἑαυτῶν μητέρας καὶ ἀδελφάς, διὰ τὸ καὶ Πῖκον λαβεῖν τὴν ἀδελφὴν ἑαυτοῦ Ἥραν. Augenscheinlich geht dies auf dieselbe Quelle zurück, wie Konons Erzählung; ihren Namen vermag vielleicht ein anderer anzugeben.

XV.

Die Geschichte gehört offenbar in denselben Zusammenhang wie Pausanias VIII 15,4.

XVI.

Die Geschichte stand bei Theophrast ἐν τῷ περὶ ἔρωτος λόγῳ, s. Strabon X 478: Ἐκ δὲ Λεβῆνος ἦν Λευκοκόμας τε καὶ ὁ ἐραστὴς αὐτοῦ Εὐξύνθετος, οὓς ἱστορεῖ Θεόφραστος ἐν τῷ περὶ ἔρωτος λόγῳ, ἄθλων ὦν ὁ Λευκοκόμας τῷ Εὐξυνθέτῳ προσέταξεν ἕνα φήσας εἶναι τοῦτον, τὸν ἐν Πράσῳ κύνα ἀναγαγεῖν αὐτῷ.

Die Geringfügigkeit des Abweichenden lässt schliessen, dass bei Konon eine Parallelversion zu Theophrast vorliegt; vielleicht liegt Theophrast dem von Konon ausgeschriebenen Schriftsteller zugrunde[99]). Übrigens kannte auch Plutarch die Geschichte, s. amator. 20 p. 937 Düon.

XXII.

Die Geschichte ist von Kanne ganz übergangen worden, ist jedoch keineswegs ohne Parallele. Ähnlich wie Konon erzählt von einem arkadischen Knaben Aelian. nat. an. VI 63, übereinstimmend Plinius nat. hist. VIII 17,22 aus Demokritos (aus demselben auch Aelian). Noch näher aber kommt unserer Erzählung Aelian in den var. hist. XIII 46 [100]). Πόλις ἐστὶ τῆς Ἀχαίας αἱ Πάτραι· παῖς παρ' αὐτοῖς δράκοντα μικρὸν ἐπρίατο, καὶ ἔτρεφε μετὰ πολλῆς τῆς

---

99) Dies die Ansicht meines Freundes G. Knaack.
100) Aus Aelian Tzetzes hist. IV 313 ff u. 680 ff. A. Marx Griechische Märchen von dankbaren Tieren und Verwandtes (Stuttgart 1889) 117 A. 1 sagt freilich, Tz. habe den Aelian nicht benutzt, aber der Beweis dürfte schwer zu führen sein.

κομιδῆ. αυξηθέντος δὲ αὐτοῦ ἐλάλει πρὸς αὐτὸν ὡς πρὸς ἀκούοντα, καὶ ἤθυρε μετ' αὐτοῦ καὶ συνεκάθευδεν αὐτῷ. ἐς μέγιστον δὲ μέγεθος ἐλθὼν ὁ δράκων ὑπὸ τῶν πολιτῶν ἐς ἐρημίαν ἀπηλάθη. ὕστερον δὲ ὁ παῖς νεανίας γενόμενος ἀπό τινος θέας ἐπανιών, λῃσταῖς περιπεσὼν μετὰ τῶν συνηλίκων, βοῆς γενομένης ἰδοὺ ὁ δράκων· καὶ τοὺς μὲν διεσκόρπισεν, οὓς δὲ ἀπέκτεινεν, αὐτὸν δὲ περιεσώσατο.

Aelian hat demnach die nämliche Quelle gehabt wie Konon.

XXIV.

Von der Narkissossage [101]) wissen wir über die Alexandrinerzeit hinaus nichts; dass aber damals die Sage Behandlung fand, lehrt schon Ovids Erzählung in den Metamorphosen III 342 ff. Vielleicht stammt auch der Vers, den die Nymphen zu Narkissos sprechen πολλοί σε μισήσουσιν, ἂν σαυτὸν φιλῇς (Suid. u. Paroemiogr. II 85) aus dieser Periode. Auch Konons Erzählung scheint ein Dichter zu grunde zu liegen, was schon der poetische Ausdruck ἰνδαλλομένην verrät; darum verlohnt sich eine Vergleichung mit Ovid.

Bei ihm sowohl als bei Konon und überhaupt bei den meisten ist Narkissos in Böotien zu Hause. Die Verknüpfung mit Teiresias fehlt bei Konon wie bei den anderen von Ovid nicht abhängigen Autoren, desgleichen die Verknüpfung mit der Sage von Echo, die denn wohl ebenfalls eine freie Zuthat des römischen Dichters [102]). Aber der Grund für die Liebespein und den Tod des spröden Jünglings ist bei Konon ganz ähnlich gegeben wie bei Ovid; berichtet Konon von Ameinias [103]), der nicht ablässt von seinem Werben, und endlich, da ihm von Narkissos ein Schwert geschickt wird, vor der Thür des Jünglings sich entleibt [104]) πολλὰ καθικετεύσας τιμωρὸν οἱ γενέσθαι τὸν θεόν, so sagt Ovid

inde manus aliquis despectus ad aethera tollens
„sic amet ipse licet, sic non potiatur amato —!“
dixerat. adsensit precibus Rhamnusia iustis.

---

101) Vgl. Wieseler Narkissos. Eine archäologische Abhandlung zur Feier des Winckelmannstages 1852.
10²) Vgl. Haupt zu III 339.
103) Über den Namen s. Roschers Lexikon z. d. W.; indessen hat man kein Recht bei Konon zu ändern.
104) Dies, wie es scheint, ein echt alexandrinisches Motiv, s. Theokritos Eidyll. XXIII und Rohde Gr. R. 80 u. Anm. 4.

So muss er sich denn zur Strafe in sein eigen Bild verlieben und in solcher Liebespein dahinschwinden, bis er, bei Ovid, sein müdes Haupt ins Gras legt und einen sanften Tod findet, während er bei Konon unter Gewissensbissen wegen seiner Härte gegen Ameinias sich den Tod giebt. Bei Ovid schliesst die Erzählung nun damit, dass die trauernden Najaden und Dryaden — in deren Klage Echo einstimmt — den Jüngling bestatten wollen, aber nusquam corpus erat; croceum pro corpore florem inveniunt. Bei Konon dagegen ist von einer Metamorphose nicht die Rede. Seit dem Tod des Narkissos, so heisst es hier, ehren die Thespier den Eros mehr. Die Bewohner der Gegend aber glauben, dass die Narzisse an jener Stelle zuerst hervorgesprosst sei, auf welche das Blut des Narkissos geflossen war.

Durch den zum Schluss wieder hervortretenden lokalen Charakter der Sage und ihre ätiologische Zuspitzung unterscheidet sich Konon wesentlich von Ovid, während das Motiv für die Liebespein und den Tod des Jünglings den beiden gemeinsam, wogegen es bei allen anderen fehlt. Immerhin scheint ein Zusammenhang, welcher Art er nun auch sei, zwischen den beiden Erzählungen oder vielmehr zwischen ihren Quellen zu bestehen.

Auch dem Pausanias lag die Sage in ähnlicher Gestalt vor wie dem Konon; IX 31,7 berichtet er: Θεσπιέων δὲ ἐν τῇ γῇ Δονακῶν ἐστιν ὀνομαζόμενος· ἐνταῦθα ἐστι Ναρκίσσου πηγή, καὶ τὸν Νάρκισσον ἰδεῖν ἐς τοῦτο τὸ ὕδωρ φασίν, οὐ συνέντα δὲ ὅτι ἑώρα σκιὰν τὴν ἑαυτοῦ λαθεῖν τε αὐτὸν ἐρασθέντα αὐτοῦ, καὶ ὑπὸ τοῦ ἔρωτος ἐπὶ τῇ πηγῇ οἱ συμβῆναι τὴν τελευτήν. Τοῦτο μὲν δὴ παντάπασιν εὔηθες, ἡλικίας ἤδη τινὰ ἐς τοῦτο ἥκοντα ὡς ὑπὸ ἔρωτος ἁλίσκεσθαι, μηδὲ ὁποῖόν τι ἄνθρωπος καὶ ὁποῖόν τι ἀνθρώπου σκιὰ διαγνῶναι. Nach einer nicht so allgemein bekannten Sage, fährt Pausanias fort, liebte Narkissos seine ihm von Aussehen gleiche Zwillingsschwester, über deren Tod er sich in die Quelle schauend zu trösten suchte. Νάρκισσον δὲ ἄνθος ἡ γῆ καὶ πρότερον ἔφυεν, ἐμοὶ δοκεῖν κτλ. Auch hier der lokale Charakter und dementsprechend der ätiologische Zug; dass in des Pausanias Quelle zu lesen war, am Orte, wo Narkissos gestorben, sei die gleichnamige Blume zuerst gewachsen, lehren die Schlussworte; auf eine Verwandlung, von welcher Wieseler spricht (p. 3), deuten jedoch seine Worte nicht bestimmt hin. Ob Pausanias hier ein und denselben Schriftsteller ausgeschrieben habe wie Konon, muss fraglich erscheinen, nicht allein wegen der auffallenden „kritischen Akrisie", mit welcher ersterer die Herkunft des Namens der Blume von Narkissos bestreitet, sondern auch wegen der rationalistischen Behandlung der Sage bei Pausanias, welche dem Konon ganz fremd ist und schon an die Umdeutung erinnert, in welcher die Geschichte beim Anonymus περὶ ἀπίστων (Westerm. 323 IX) vorliegt.

XXXI.

Wie billig wollen wir ausgehen von Welckers geistvollem Versuch (Gr. Tr. 374 ff), die Handlung des Sophokleischen Tereus aus den erhaltenen Fragmenten und der Gestalt der Sage bei verschiedenen Schriftstellern zu reconstruieren. Von den letzteren hat Welcker hauptsächlich Ovid (Met. VI 412 – 674), „der in seiner Erzählung sicher den Tereus des Sophokles vor Augen gehabt hat"[105]), die betreffenden Bruchstücke des Accius und Konon selbst verwertet, „dessen kurze Erzählung mit Sophokles ganz übereinstimmt". Und in der That: Tereus thut der Philomela Gewalt an; er schneidet ihr, um nicht verraten zu werden, die Zunge aus; sie verrät der Schwester die That durch das Gewebe; Prokne rächt sich durch die schauderhafte Mahlzeit; Tereus verfolgt die Schwestern, und alle drei werden verwandelt — alle diese Züge weist augenscheinlich, wie Konon, so der Tereus des Sophokles auf. Aber nicht nur Konon und Ovid, sondern auch die Bibliothek und noch andere erzählen so, ohne dass wir annehmen dürfen, dass ihnen allen die eine Quelle, der Tereus des Sophokles, zu grunde liege. Vielmehr bestehen gleichwohl Verschiedenheiten, welche Zweifel erwecken müssen, ob der grosse Philolog nicht zu kühn kombiniert habe.

Eine wesentliche Abweichung ergiebt sich doch wohl durch die Betrachtung des Lokals. Tereus ist König in Thrakien bei

---

105) Dass Sophokles dem Ovid vorgelegen habe, hat man seit Welcker angenommen, obwohl sich dieses Verhältnis anderwärts nicht nachweisen lässt, s. z. B. Hiller von Gärtringen De Graecorum fabulis ad Thraces pertinentibus quaestiones criticae (Berl. 1886) p. 37. 140. — Gewicht legt H. v. G. auf Tzetzes in Hes. Op. et D. „qui ipse dicit se Sophocleae fabulae argumentum narrare". Tzetzes sagt zum Schluss γράφει δὲ περὶ τούτου Σοφοκλῆς ἐν τῷ Τηρεῖ δράματι. Dem ist von vornherein nicht mehr Gewicht beizulegen als den Unterschriften in den Scholien. Übrigens weicht Tz. von Ovid nicht unwesentlich ab.

Apollodor [106]) III 14,7 = Probus p. 23 Keil, dem Scholion zu des Aristophanes Vögeln 212, Ovid [107]), Libanios (Westermanns Mythographen p. 382) narr. 64, Lactantius zu Stat. Theb. V p. 219 Cruc. König in Daulis ist er bei Thukydides II 29, Strabon VII 321, IX 423, Pausanias I 41,8, I 5,4, Konon.

Die Szene war bei Sophokles das Königshaus in Daulis, bemerkt Welcker ganz apodiktisch. Nichts vermag die Ansicht zu stützen. Wäre sie richtig, und hat dem Ovid Sophokles vorgelegen, so ist man zur Annahme gezwungen, dass Ovid den Stoff ausserordentlich frei umgestaltet hat, indem er die Szene nach Thrakien verlegte.

Auf das thrakische Lokal ist am natürlichsten das Fragment zu beziehen (520 Nauck)

Ἥλιε, φιλίπποις Θρῃξὶ πρέσβιστον σέλας.

Sehr entschieden spricht sich über die Lokalfrage Thukydides II 29 aus. Des Odrysenkönigs Sitalkes Vater Teres habe mit Tereus, der Amphions Tochter heimführte, durchaus nichts zu thun. Der letztere sei König in Daulis und dieses damals von Thrakern bewohnt gewesen; auch sei es natürlicher gewesen, dass Amphion seine Tochter mehr in der Nähe verheiratet habe, als bei den fernen Odrysen. Für seine Ansicht führt Thukydides gewisse für uns nicht nachweisbare ältere Dichter an, bei welchen ἐν ἀηδόνος μνήμῃ Δαυλιὰς ἡ ὄρνις ἐπωνόμασται [108]).

Wunderbar wäre es, meint Hiller von Gärtringen p. 40, wenn der grosse Dichter, dessen Tragödie Thukydides doch wohl kennen musste, in dem von letzterem getadelten Irrtum befangen gewesen wäre. Die Thukydidesstelle also mache es wahrscheinlich, dass bei Sophokles Daulis das Vaterland des Tereus gewesen sei. Das Gegenteil will uns scheinen: die Bestimmtheit, mit welcher Thukydides

---

106) Unrichtig nimmt Welcker p. 375 Apollodor für Daulis in Anspruch; er sagt nur, dass die Verwandlung in Daulis vor sich ging; doch s. u.

107) Ovid nennt den Tereus einen Odrysen, nach Welcker „nur willkürlich oder aus Übereilung". Sollte die Vermengung vorliegen, die schon Thukydides tadelt? Übrigens konnte Ovid auch ohne dies nach dem Hauptvolk Thrakiens den T. einen Odrysen nennen; s. auch Hiller v. G. p. 38.

108) Thukydides wird hier von A. Riese im Fleckeisen 1877, 231 des Irrtums beschuldigt; ich stimme hier Hiller v. G. p. 40 in seinem Widerspruch gegen Riese bei.

spricht, lässt schliessen, dass er sich gegen eine damals herrschende, mindestens von einer bekannten Persönlichkeit vertretene Ansicht wendet. Sehr leicht kann der Vertreter dieser Ansicht Sophokles gewesen sein [109]).

In Bezug auf das Lokal, sahen wir, stehen Apollodor-Probus, das Aristophanesscholion, Ovid, Libanios den anderen gegenüber; sie sind wieder in zwei Gruppen zu teilen.

M. Wellmann de Istro Callimachio p. 45 stellte Apd. III 14,8 zusammen mit Probus zu Vergil p. 23 Keil, um zu zeigen, dass beide aus derselben Quelle geschöpft haben. Das ist zweifellos richtig. Eine Stütze seiner Ansicht findet W. in dem Umstand, dass der Aristophanesscholiast eine andere Wendung giebt, dadurch unterschieden, dass Tereus auf die Bitten der Gattin nach Athen reist, um Philomela zum Besuch zu holen, die er dann unterwegs schändet. Sonderbarerweise ist Wellmann, ohne Anstoss zu nehmen, vorübergegangen an den Worten der Bibliothek Φιλομήλας ἐρασθεὶς ἔφθειρε καὶ ταύτην, εἰπὼν τεθνάναι Πρόκνην· κρύπτων ἐπὶ τῶν χωρίων. αὖθις δὲ γήμας Φιλομήλαν συνηυνάζετο καὶ τὴν γλῶσσαν ἐξέτεμεν αὐτῆς. Dass dies Unsinn ist, liegt auf der Hand. Allzu gewaltsam heilt Hercher die Stelle: ἔφθειρε καὶ ταύτην κρύπτων ἐπὶ τῶν χωρίων καὶ τὴν γλῶσσαν ἐξέτεμεν αὐτῆς. Wie die Stelle zu heilen, hat schon Heyne erkannt. Der Gang der Dinge ist doch dieser: Tereus hat sich (bei einem Besuch in Athen) in Philomela verliebt; er giebt nun vor, Prokne sei gestorben, und begehrt und erhält Philomela zum Weibe, schändet sie, versteckt sie und beraubt sie der Zunge, also etwa: Φιλομήλας ἐρασθεὶς εἶπε τεθνάναι Πρόκνην. αὖθις δὲ γήμας Φιλομήλαν συνηυνάζετο καὶ τὴν γλῶσσαν ἐξέτεμεν αὐτῆς κρύπτων ἐπὶ τῶν χωρίων. Dies lässt sich herstellen ohne Ansicht des Probus, und nun erst besteht mit diesem vollkommene Übereinstimmung: cum ... Philomelam ... vidisset, ementitus Procnen interisse Philomelam uxorem accepit eique corruptae linguam amputavit, neque modo scelus permanaret ad Procnen, et in abditis regni sui eam ablegavit.

Mit dieser Erzählung hatte offenbar der Grund der Reise nach Athen, den wir bei Ovid, dem Aristophanesscholion und dem hiermit eng sich berührenden Bericht des Libanios angegeben finden (Prokne wünscht die Schwester zu sehen), ursprünglich nichts zu thun, wenn

---

109) S. Riese p. 230; Classen z. d. St.

auch beide Berichte schon (bei Servius zu Verg. Bucol. VI 78) in einander verarbeitet sind. Was Apollodor-Probus [110]) von der Lüge des Tereus, der Vorspiegelung des Todes der Prokne erzählen, ist thörichte Erfindung, gewiss dem Sophokles fremd und mit Recht von Welcker ganz aus dem Spiel gelassen worden.

Eben diese beiden Apollodor-Probus weichen von Ovid, dem Scholiasten und Libanios noch in einem weiteren, schon oben berührten Punkte ab: jene nennen zwar den Tereus König im eigentlichen Thrakien, lassen aber die Verwandlung in Daulis vor sich gehen. Hiller v. Gärtringen p. 38 begnügt sich das als inept zu bezeichnen: gewiss bedeutet es nichts weiter als den Vermittlungsvorschlag einer späteren Zeit; der Vogel von Daulis war nun einmal da und man musste ihm Rechnung tragen. Ähnlich ist bei Tzetzes Tereus König in Thrakien, nur das Verbrechen wird unterwegs ἐν Αὐλίδι τῆς Βοιωτίας (verdorben für ἐν Ἀκυλίδι) verübt.

Dies scheint hiernach festzustehen, dass Apollodor-Probus eine jüngere, weil weniger reine Gestalt der Sage repräsentieren als Ovid, Libanios und der Kern des Aristophanesscholions.

Was den Libanios anlangt, so stimmt er in den Hauptpunkten, von denen bisher die Rede war, dem Lokal, der Motivierung der Reise des Tereus mit Ovid überein. Einen Zug, geeignet den Ovid zu ergänzen, enthält er: τῆς ἑορτῆς δὲ ἐπελθούσης, ἐν ᾗ τῇ βασιλίδι τὰς Θρᾴττας δῶρα πέμπειν νόμος ἦν, πέμπει πέπλον κτλ. Für den Mythographen ist dieser Zug unwesentlich, er findet sich auch sonst, soviel ich sehe, nicht; der Tragödiendichter aber mochte so begründen, wie Philomela, ohne Verdacht zu erregen, der Königin ein Geschenk schicken konnte.

Wir erklärten oben die Lügen, welche Tereus in Athen nach Apollodor-Probus auftischt, für thörichte Erfindung. An anderer Stelle sind diese Lügen freilich ganz am Platz und sogar notwendig. In der Tragödie durfte nicht fehlen, was Ovid bei der Rückkehr des Tereus zu Prokne erzählt:

coniuge quae viso germanam quaerit, at ille
dat gemitus fictos commentaque funera narrat.

Dass Tereus ohne Philomela zurückkehrt, musste ja von ihm motiviert werden.

---

[110] Wegen der Ähnlichkeit in diesem Punkt zu vgl. Hyginus fab. 45 (p. 71 Schm.), im übrigen ziemlich stark abweichend.

Auf Grund des Bisherigen bekennen wir uns zu der Ansicht, dass Ovid, Libanios und das Aristophanesscholion in ein und dieselbe Gruppe gehören und direkt oder indirekt auf Sophokles zurückgehen Danach steht Konon dem Sophokles vollständig fern. Aber auch Welcker durfte, sobald er Ovids Erzählung als Sophokleisch ansah, Konons Bericht unseres Erachtens nicht auf diesen Dichter zurückführen.

Direkt verwertet hat Welcker an der Stelle, wo Tereus der Philomela die Zunge ausschneidet, Konons Worte δεδιὼς τὸν ἐκ λόγων θρίαμβον, „da es sicher aus einem Dichter stammt". Aber mit Recht haben schon Kanne und Heyne an θρίαμβον Anstoss genommen, weil sich das Wort in der geforderten Bedeutung nicht belegen lässt [111]).

Den ersten Teil der Erzählung ist bei Konon sehr kurz behandelt; was die Erzählung bezweckt, lehrt der Schluss ἔποπες καὶ ἀηδόνας καὶ χελιδόνας διώκουσιν. Dies soll erklärt werden; die Sage ist also ätiologisch zurecht gemacht. In diesem Sinne wurde sie mehrfach ausgebeutet; um die Etymologie ist es dem Aristophanesscholiasten zu thun; (Pseudo-) Zenobius III 14 sagt: μετεβλήθησαν, Πρόκνη μὲν εἰς ἀηδόνα, Φιλομήλα δὲ εἰς χελιδόνα. ὅθεν ἔτι καὶ νῦν αἱ χελιδόνες τετμημένας τὰς γλώσσας ἔχουσι. Τηρεὺς δὲ εἰς ἔποπα μεταβληθεὶς Ἴτυν εἰς δεῦρο θρηνεῖ [112]).

Dass der Wiedehopf die Schwalben und Nachtigallen noch immer verfolgt, wenigstens, dass die Schwalben sich vor ihm fürchten, erzählt auch Aelian de nat. an. II 3. Daraus sieht man, dass der Glaube an die Feindseligkeit des Wiedehopfes im Altertum sich fortgeerbt hat, trotzdem derselbe auf einer Verkennung des Wesens des Hopfes beruht. Derselbe zeigt sich scheu und furchtsam. „Mit anderen Vögeln hält der Wiedehopf gar keine Freundschaft; die einen fürchtet er, die anderen scheinen ihm gleichgültig zu sein." (Brehms Tierleben; s. auch E. Oder im Rhein. Mus. 43,545).

Konons Quelle ist das auch sonst benutzte Handbuch. Pausanias hat für diese Erzählung eine andere Quelle gehabt (gemeinsam

---

111) E. Oder de Antonino Liberali Theso 5 will für θρίαμβον schreiben ἔλεγχον (wohl nach Libanios). Knaack vermutete θόρυβον.
112) Bei Zenob. liegt teilweise ein und dieselbe Quelle vor wie bei Apd.-Probus. — Zu den letzten Worten bemerken die Herausgeber: Errat Zenobius. Natürlich ist vor Ἴτυν Πρόκνη oder ἀηδών ausgefallen.

mit Strabon: [113] Hiller v. Gärtringen 47 f.), oder wenigstens noch eine andere nebenbei [114]).

XXXIV.

Die hier behandelte Sage stand bekanntlich in der „kleinen Ilias" des Lesches, und zwar war sie dort sicher ungefähr in der Gestalt zu lesen, welche Konon bietet: Helenos wird (von Odysseus) eingefangen und macht Angaben über die Mittel zur Einnahme Ilions. Deiphobos heiratet die Helena. Freilich war für den ersten Teil der Erzählung — welcher bei Konon als Einleitung zum Palladionraub sich herausstellt — die Aufeinanderfolge der Ereignisse bei dem Dichter eine etwas andere, falls hierin auf Proklos Verlass ist (ed. Gaisf. Lips. 1832 p. 531)[115]. Auch den auf der Heimkehr vom Palladionraube zwischen Diomedes und Odysseus ausgebrochenen Streit, durch welchen in späterer Zeit die sprichwörtliche Redensart Διομήδειος ἀνάγκη erklärt wurde, erzählte der Dichter der kleinen Ilias (Hesych. Διομήδειος ἀν.), ohne dass sich indessen mit Sicherheit bestimmen lässt, welche der später vorhandenen Varianten bei ihm gestanden habe (s. Jahn-Michaelis, Griechische Bilderchroniken p. 31).

Von den Parallelberichten kommt dem Konon am nächsten der sog. Interpolator Servii zur Aeneis II 166; die Vergleichung ist in gewisser Beziehung lehrreich [116]).

---

113) Strabon hat hier Apollodoros zur Quelle: Niese, Apollodors Kommentar zum Schiffskatalog als Quelle Strabons p. 278.

114) Auf die Veränderungen, welche die Sage in ihrer späteren Entwicklung bezüglich der Verwandlung der Personen erfahren hat, brauchte hier nicht eingegangen zu werden. Nur dies sei bemerkt: A. Kiessling irrt, wenn er zu Horaz Od. IV 12,5 bemerkt: „so (nämlich wenn Philom. zur Nachtigall wird) haben aber erst die Römer die Sage verdreht"; so schon Agatharchides bei Phot. bibl. p. 443.

115) Bezüglich der Hoirat sagt Proklos ganz kurz: μετὰ δὲ ταῦτα Δηίφοβος Ἑλένην γαμεῖ. Nach Konon streiten sich Deiphobos und Helenos, der erstere siegt βίᾳ καὶ θεραπείᾳ τῶν δυνατῶν; das sind zwei Varianten, die erste z. B. auch bei Euripides Tro. 959 sq. (βίᾳ δ' ὁ καινὸς μ' οὗτος ἁρπάσας πόσις), die zweite bei Servius (oder vielmehr dem Interpolator) zur Aen. II. 166, cf schol. Il. 24, 251.

116) Auf diese Übereinstimmung hat G. Knaack mich zuerst hingewiesen, wie auch darauf, dass wie bei Konon und den Vergilkommentatoren, so auch bei Quintus Smyrnaeus X 344 ff von Deiphobos-Helenos und dem Palladionraub in einem Zusammenhang die Rede ist.

Konon:	Servius:	Interpolator:
Ἕλενος δὲ τὴν ὕβριν οὐ φέρων εἰς τὴν Ἴδην ἀναχωρήσας ἡσύχαζε· καὶ κατὰ συμβουλὰς Κάλχαντος οἱ πολιορκοῦντες Τροίαν Ἕλληνες λόγῳ τὸν Ἕλενον συλλαμβάνουσι· καὶ τὰ μὲν ἀπειλαῖς, τὰ δὲ δώροις, πλέον δὲ τῇ πρὸς Τρῶας ὀργῇ ἀποκαλύπτει αὐτοῖς Ἕλενος . . .	Helenus apud Arisbam captus a Graecis est et indicavit coactus fata Troiana: in quibus etiam de palladio.	Alii dicunt Helenum non captum, sed dolore, quod post mortem Paridis Helena iudicio Priami non sibi sed Deiphobo esset adiudicata, in Idam montem fugisse atque exinde monente Calchante productum de Palladio pro odio prodidisse.

Der Interpolator fährt fort: Qui cum reverterentur (nämlich vom Palladionraube) ad naves, Ulixes, ut sui tantum operis videretur effector, voluit sequens occidere Diomedem, cuius ille conatum cum ad umbram lunae notasset, religatum prae se usque ad castra Troianorum egit. In die Augen fallen muss die Übereinstimmung zwischen Konon und dem Scholiasten, noch auffallender aber ist, wie hernach die Berichte wieder auseinandergehen. Bekanntlich wurde die Redensart Διομήδειος ἀνάγκη verschieden erklärt, und von der Erklärung, welche Konon giebt, kursierten wieder zwei Varianten. Denn im Unterschied von Konon erzählten andere, dass Diomedes, als er das gezückte Schwert des Odysseus im Mondenschein blinken sah, rasch sich umwandte, ihm die Hände band und ihn mit der flachen Klinge vor sich her zu den Griechen trieb. So übereinstimmend, im Gegensatz zu Konon, besonders das Scholion zu Platon Rep. VI p. 493 (347 Herm.) und Zenobios III 8 [117]). Während nun für den ersten Teil der Erzählung der Scholiast mit Konon sich eng berührt, giebt er bezüglich des Palladionraubes die entgegenstehende Fassung.

Wie erklärt sich die Übereinstimmung und die Abweichung? In dem Buche, aus welchem Konon seine Erklärung des Sprichworts Δ. ἀ. entnahm, stand neben der Version, welche er bietet, auch die andere, welche u. a. Servius und das Platonscholion wiedergeben.

---

[117]) Aus ein und ders. Quelle: **Warnkross de paroemiographis capita duo p. 56.**

XXXV.

Die Geschichte ist meines Wissens ohne Parallele. Zwar kommt der Geier als apollinischer Vogel vor, aber das Attribut γυπαιεύς vermag ich sonst nicht nachzuweisen. Selbst der am Anfang genannte Berg Lyssos oder Lysson fehlt bei Pape-Benseler. Anklänge an einzelne Teile der Erzählung finden sich mehrfach. Der Anfang hat eine entfernte Ähnlichkeit mit der Geschichte des Brahmanen Padmanaba in Tausend und eine Nacht (hg. v. Weil IV 73 ff), im übrigen fühlt man sich erinnert an Sindbad, den der Adler aus der Felsenschlucht emporträgt (ebenda II 64), vgl. auch Epiphanios de XII gemmis (IV p. 190 sq. Dind.), Pseudo-Kallisthenes II 41 und Rohde im Griechischen Roman 180 f. Anm.

Das Märchenhafte der Geschichte springt in die Augen. Ersonnen oder wenigstens geschrieben ist sie, um den Beinamen γυπαιεύς zu erklären, und wenigstens der Charakter der Quelle wird dadurch kenntlich.

XXXVIII.

Angeknüpft hat der erste Erzähler anscheinend an die Geschichte von Glaukos bei Herodot VI 86 [118]). Konons Erzählung zeigt dem gegenüber Steigerung und novellistische Ausführung. Ganz ähnlich wie Konon erzählt aber Johannes Stobaeus Floril. 28,18 (I 357 Mein.) anknüpfend an Herodots Wort (I 74) ἄνευ γὰρ ἀναγκαίης ἰσχυρῆς πίστιες (Her. συμβάσιες) ἰσχυραὶ οὐκ ἐθέλουσι συμμένειν, nur mit veränderten Namen und Lokal: λέγεται γὰρ ἐν Τενέδῳ παρεπιδημίην ποιησάμενον Ἀρχέτιμον ἐξ Ἐρυθραίης τῆς Ἰώνων πόλεως ἐπιξένωσιν θέσθαι Κυδίῃ· χρυσοῦ δ' ἠλισμένην οὐκ ὀλίγην ἐμπολὴν ἔχοντα ταύτην δὴ παραθέσθαι Κυδίῃ κτλ. Freilich ist die Provenienz der Geschichte hier so dunkel wie dort [119]). Wegen der Lokalisierung in Tauromenion möchte man an Timaios als Quelle denken, stünde dem nicht eine andere Erwägung entgegen, s. den zusammenfassenden Teil.

XXXIX.

Ziemlich viele Schriftsteller berichten von dem Zweikampf zwischen Melanthos und Xanthos, welcher durch die ἀπάτη zu

---

118) Worauf A. von Gutschmid mich aufmerksam gemacht hat.
119) Cf. noch Bergk P. L. III⁴ 740 f.

Gunsten Athens entschieden wird und die Stiftung der Apaturien zur Folge hat [120]). Die Erklärung dieses Namens bot Anlass zu der Erzählung; aber nicht sie allein, sondern auch die Erklärung des dionysischen Beinamens μελάναιγις. Denn beim Zweikampf war Dionysos τραγῆν ἐνημμένος μέλαιναν hinter Xanthos' Rücken erschienen und hatte dadurch Veranlassung zur ἀπάτη gegeben.

Auch Konons Erzählung bezweckt die Erklärung der beiden Namen, wenn auch die von μελάναιγις undeutlich geworden ist — Dionysos ist nur als ἀνὴρ ἀγένειος bezeichnet, — ja für Διονύσῳ Μελαναίγιδι am Ende der Erzählung der Fehler Μελανθίδη in den Text eingedrungen ist.

Die Erklärung des Namens der Apaturien aus der ἀπάτη war nicht die einzige, aber ihr Vertreter war Ephoros, wie Harpokration bezeugt: πόθεν δ' ἐκλήθη, ἄλλοι τε πολλοὶ εἰρήκασι καὶ Ἔφορος ἐν β΄, ὡς διὰ τὴν ὑπὲρ τῶν ὁρίων ἀπάτην γενομένην, ὅτι κτλ. Die naheliegende Annahme, dass Konon auch hier den Ephoros ausgeschrieben habe, kann indessen nicht bestehen; denn nach Harpokration drehte sich der Streit bei Ephoros um Melainai, bei Konon aber ist Oinoe genannt. Nun werden zwar zuweilen bei Späteren (z. B. Eusebios, Etymol. M.) beide Orte genannt, aber das Platonscholion zum Gastmahl 208 D lehrt, dass ursprünglich in der That die Ansichten über den Ort auseinandergingen, indem er sagt: ὡς μὲν τινές, περὶ Οἰνόης καὶ Πανάκτου, ὡς δὲ τινές, περὶ Μελαινῶν.

Ephoros hat hier also dem Konon nicht vorgelegen, vielmehr der auch anderwärts von ihm benutzte unbekannte Mythograph, welcher seinerseits eine Atthis benutzt haben mag.

XLII.

Der erste Erzähler der Geschichte in der Literatur scheint Philistos gewesen zu sein, s. Theon Progymn. p. 66 Speng. (Philistos

---

120) Strabon VIII 359 aus Apollodoros cf. Niese Rh. M. 32,272; IX 393 aus Ephoros (s. zu XXVI); Polyainos I 19 (Ephoros?); Harpokrat. s. v. Ἀπατούρια; Scholion zu Plat. Symp. 208 D (cf. Zenob. IV 3), worüber unrichtig Mettauer de Platonis schol. fontibus p. 41, richtig Warnkross de paroemiographis capita duo p. 51 f.; Schol. zu Plat. Tim. p. 21 b (hier wie bei Konon allein Oinoe genannt); Schol. Aristid. Panath. III p. 111 (118,20) Dind.; Schol. Aristoph. Acharn. 146 Pac. 890 und Suidas s. v. Ἀπατούρια u. Μελαναίγιδα Διόνυσον; Etymol. M. 533,41 u. 119,4; Euseb. chron. can. p. 56 Schoene; Nonnos Dionys. 27,302; Johannes Ant. FHG. IV 359.

Fr. 16 Muell.) und Bergk PL III⁴ 233. Ähnlich wie Konon erzählt Aristoteles Rhet. II 20 (p. 1393), nach Bergks Vermutung dem Philistos folgend; und in der That trägt die Erzählung ein so individuelles Gepräge, dass sie mit Recht als Sondereigentum des Philistos gelten darf. (Andere Stellen s. bei Bergk.) Bereits Bentley aber ist es aufgefallen (De aetate Phalaridis p. 18 Lennep), dass bei Konon statt von Phalaris von Gelon die Rede ist. Ob dieser Anachronismus dem Konon oder seiner Quelle zur Last zu legen sei, ist mit Sicherheit nicht zu entscheiden; da Konon seine Quellen auszuschreiben pflegt, wird der Gewährsmann der Schuldige sein.

XLV.

Die Erzählung von Orpheus ist ätiologischen Charakters: es handelt sich um das Heiligtum des Orpheus, dessen Betreten Frauen verboten ist und die Erklärung dieses Verbotes. Die Sprache gegen Ende der Erzählung verrät, dass es ein Dichter ist, der zu grunde liegt. Andererseits ist nicht anzunehmen, dass Konon diesen Dichter selbst vor Augen gehabt hat; allein schon die Bemerkung τάχα μὲν καὶ κατ' ἄλλας προφάσεις (worauf hin die Weiber den Orpheus morden) lässt auf ein Handbuch als Mittelquelle schliessen ähnlich dem, welches dem Hyginus de astronomia p. 73 sq. ed. Basel 1535 vorlag.

Der alexandrinische Dichter, welcher die Sage behandelte, schloss sich nicht der älteren, noch durch Aischylos in den Bassariden vertretenen, Auffassung an, wonach Orpheus als Sohn der Muse lediglich apollinischer Sänger ist, sondern jener jüngeren, für uns zuerst durch Euripides vertretenen, nach welcher das apollinische Element mit dem dionysischen in dem Sänger vermengt erscheint. Der Sohn des Oiagros und der Kalliope wird hier zum dionysischen μύστης, und dieser Umstand führt sein Verhängnis herbei: die Frauen zerreissen ihn ὅτι οὐ μετεδίδου αὐταῖς τῶν ὀργίων [121]). Andere dichteten anders; und wie der Grund seines Todes, so wurde auch das Lokal seiner Thaten und seines Todes abweichend angegeben. Das Thal des Hebros und Umgegend ist es zuerst bei Nikandros (Ther. 462 f), und dies ist die Örtlichkeit auch bei den römischen Dichtern: Vergil (Georg. IV 525), Ovid (Met. XI 50). Ausführlich beschäftigt sich mit Orpheus Pausanias XI 30; er stimmt teilweise mit Konon über-

---

[121] Cf. A. Riese O. u. d. mythischen Thraker Fleckeisen 1877, 233.

ein; der Ort von Orpheus' Tode ist „wie die Makedonier erzählen" das pierische Dion, und in Larissa will Pausanias gehört haben, dass am Olympos eine Stadt Leibethra liege, in deren Nähe sich das Grabmal des Orpheus befinde. Ob aber eine gemeinsame Quelle beiden Schriftstellern vorgelegen habe, ist hier mindestens zweifelhaft; die Berührungspunkte sind oberflächliche, ein Handbuch freilich haben wir wohl auch bei Pausanias anzunehmen.

In Konons Erzählung nehmen naturgemäss die Ermordung des Orpheus und die Schicksale seines Hauptes den meisten Raum ein, da dies für das Aition die Hauptsache. Der Berührungspunkte wegen interessant ist die Vergleichung mit der Elegie des Alexandriners Phanokles, die bei Stobaeus Flor. 64,14 (II 386 Mein.) erhalten ist. Auch sie verfolgt ätiologischen Zweck; nur handelt es sich um die Sitte der Tätowierung bei den thrakischen Weibern. Sie hassen und morden den Sänger

οὕνεκα πρῶτος δεῖξεν ἐνὶ Θρήκεσσιν ἔρωτας
ἄρρενας, οὐδὲ πόθους ἤνεσε θηλυτέρων

Nach der That werfen sie den Kopf an der Leier befestigt ins Meer

τὰς δ' ἱερῇ Λέσβῳ πολιὴ ἐπέκελσε θάλασσα·
ἠχὴ δ' ὡς λιγυρῆς πόντον ἐπέσχε λύρης,
νήσους τ' αἰγιαλούς θ' ἁλιμυρέας, ἔνθα λίγειαν
ἄνερες Ὀρφείην ἐκτέρισαν κεφαλήν.

Als aber die Thraker die That der Weiber erfahren, tätowieren sie dieselben, auf dass sie stets an ihre Mordthat erinnert werden. Daher die Sitte. Die Ähnlichkeit springt in die Augen: auch hier das singende Haupt, nur zart angedeutet, nicht breit ausgeführt wie bei Konon.

Phanokles wurde anscheinend zum Teil Quelle für das Handbuch, welches Hygin a. a. O. ausgeschrieben hat. Vermutlich durch ebendenselben Mythographen vermittelt ist der Rest alexandrinischer Dichtung bei Lukianos adv. indoct. 11 (cf. de saltat. 51); in welcher Beziehung Ovid hierzu steht, soll hier unerörtert bleiben [122]).

L.

Die Ermordung des Tyrannen Alexander von Pherai auf Veranlassung seines Weibes Thebe wird von verschiedenen Schriftstellern

---

[122]) Über diese Punkte wird demnächst aus Knaacks Feder ein Aufsatz erscheinen.

berührt [123]). Ausführlicher erzählen Xenophon (Hellenica VI 4, 35—37) und Plutarch im Leben des Pelopidas 35. Aus Xenophon hat Konon, wie man sofort sieht, sicher nicht geschöpft; eher ist ein Zusammenhang mit Plutarch möglich. Bei Konon ist die Motivierung der That und ihre Folge, bei Plutarch die That selbst ausführlicher behandelt, der Vorwand, unter welchem Thebe die Wächter entfernt, ist bei Plutarch ein anderer als bei Konon, dagegen die Angst und das Zögern der Jünglinge und die Drohungen der Frau sind übereinstimmend erzählt.

Nicht vollkommen sicher ist, welche Quelle Plutarch hier benutzt hat. In einer recht dürftigen Schrift „Die Quellen Plutarchs in den Lebensbeschreibungen der Griechen" (Tüb. 1854) S. 59 f hat M. Haug die Ansicht aufgestellt, dass der betr. Abschnitt aus der Schrift des Peripatetikers Phanias ἀναίρεσις τυράννων ἐκ τιμωρίας entlehnt sei, „wie der ganze Charakter der Erzählung verrate"; der Grund dürfte indessen gerade dem Plutarch gegenüber nicht zureichend sein [124]). Aber über Alexander von Pherai sprach auch Theopompos (cf. Fr. 339), und es ist an sich wahrscheinlich, dass er auch über sein Ende gesprochen. Nun sagt Plutarch in der Schrift Ὅτι οὐδὲ ζῆν ἐστιν ἡδέως κατ' Ἐπίκουρον c. 10 (p. 1337 Dübn.), Theopompos habe geschrieben περὶ Θήβης, und E. Rohde hat daran erinnert, dass dies auf die Gattin des Alexander zu beziehen sei (Griech. Roman 144 Anm.). War aber dem Plutarch bekannt, was Theopompos von Thebe berichtete, so wird es wahrscheinlich, dass im Leben des Pelopidas eben Theopomp seine Quelle gewesen.

Freilich wäre, im Falle dass dies richtig ist, damit die Benutzung des Theopompos durch Konon noch keineswegs erwiesen. Abgesehen davon, dass Theopompos sonst nirgends bei Konon benutzt zu sein scheint, lassen die Abweichungen Konons von Plutarch immerhin schliessen, dass, wenn überhaupt ein und derselbe Schriftsteller beiden vorgelegen hat, dieser Varianten gab. Das aber will auf Theopomp schlecht passen. So möchten wir eher glauben, dass dem Konon ein späterer Erzähler zu grunde liegt.

---

123) Diodoros XVI 14; Cicero de off. II 7, de invent. II 49; Ovid. Ib. 319 sq.; Plutarch. virt. mul. 19; Lukian Ikaromenipp. 15; Moschion in den Pheräern, s. O. Ribbeck Rhein. Mus. 30,155 ff.

124) Auch für Cap. 30 halte ich die Benutzung des Phanias keineswegs für erwiesen (cf. Athen. II p. 48 D).

Zusammenfassender Teil.

Schon im Anfang unserer Beschäftigung mit Konon kamen wir zu der Überzeugung, dass man ohne die Annahme weitgehender Benutzung von Mittelquellen hier nicht auskommen würde. Gutschmid, der niemals ein Freund von entbehrlichen Hypothesen gewesen, schrieb uns gelegentlich darüber: „Ehe eine Mittelquelle angenommen wird, muss strikt bewiesen werden, dass eine solche Annahme notwendig ist." Heute wird die Notwendigkeit der Annahme von Mittelquellen für ein Buch wie das des Konon vermutlich jedem einleuchten. Ja, die Sache liegt heute umgekehrt. Bei einem Sagenschriftsteller aus Oktavians Zeit werden wir heute ohne zwingende Gründe an die direkte Benutzung eines Hellanikos nicht mehr glauben. Wir schliessen bei den Erzählungen 12 und 21 demnach ohne weiteres, dass sie durch eine Mittelquelle in den Konon gelangt sind.

Vor allem werden wir uns hüten müssen zuviel Quellen anzunehmen für den Sagenschriftsteller einer Zeit, welche erwiesenermassen bereits zum Teil ihre Weisheit aus Kompendien schöpfte. Besonders werden wir skeptisch sein, wenn uns ein Autorenname nur einmal begegnet.

Das ist der Fall bei Timaios (5), Hegesianax (? 23) Andron (27), Poseidonios (43). Einer derselben, Andron, wurde im Original damals schwerlich noch gelesen [125]). Es ist aber von

---

[125]) Wir zweifeln, ob Strabon ihn selbst gehabt habe. Zu Erz. 27 war die Parallelstelle Strabon VIII 383; dass hier Andron Quelle, wurde erschlossen aus X 475; aus den hier stehenden Worten οὐ πάνυ δὲ τὸν, τοῦ Ἄνδρωνος λόγον ἀποδέχονται sieht man aber, dass Strabon die Einwände gegen Androns Aufstellung aus einem anderen entnommen hat, und dass dieser andere Apollodoros von Athen ist, macht nach Niese's Auseinandersetzungen (p. 278) Steph. Byz. v. Δώριον zur Sicherheit.

vornherein nicht glaublich, dass Konon vier verschiedene Autoren, je einen für je eine Geschichte, benutzt haben sollte, ein Schriftsteller, bei dem sich, wo immer er kontrollierbar, ergiebt, dass er sklavisch seine Quellen ausgeschrieben, also sich nicht oben viel Mühe mit seiner Arbeit gegeben hat.

Zwei Schriftsteller, welche Konon sicher direkt benutzt hat, sind Ephoros und Hegesippos. Den Ephoros wagten wir als Quelle anzusetzen für zehn Geschichten. Die aus ihm entnommenen Erzählungen behandeln zumeist Wander- und Gründungssagen, daneben stehen ein paar Abschnitte milesischer Geschichte, endlich die Erzählung von Peithenios in Apollonia (30), welche wir dem Ephoros zuschrieben, weil sie auf Herodotos beruht; möglich ist auch, dass sie aus einem Buch Erzählungen stammt, welches, wovon unten noch die Rede, dem Konon vorgelegen haben muss. — Über Hegesippos ist hier nichts hinzuzufügen. Acht Geschichten betrachten wir als aus ihm entlehnt.

Etwa ein Drittel des Buches also gehört dem Ephoros und Hegesippos. Wie steht es aber mit den übrigen Erzählungen? Indem wir uns zu ihnen wenden, müssen wir zu dem Punkt zurückkehren, von welchem wir ausgegangen sind.

Im ersten Abschnitt unserer Untersuchung wurde an dem Beispiel von drei Erzählungen (18, 19, 28) gezeigt, dass dem Konon gemeinschaftlich mit Pausanias ein Mythograph zu grunde liegt, bei welchem die Sagen, soweit wir dort sahen, jedesmal ätiologisch gewandt waren. Von anderen Stellen mit derartiger Übereinstimmung, dass die Benutzung derselben Quelle mit einiger Sicherheit daraus zu schliessen, finden wir nur noch eine, Konon 43 = Pausanias X 28,4 (s. oben zu 43)[126]. Pausanias hat die Stelle freilich nicht wörtlich aus der Vorlage abgeschrieben, dieselbe kennzeichnet sich vielmehr als Lesefrucht. Auch für Pausanias empfiehlt sich die Annahme der direkten Benutzung des Poseidonios nicht (er nennt ihn auch niemals); wir dürfen somit schliessen, dass die Erz. 43 des Konon aus derselben Quelle geflossen ist wie 18, 19, 28. Wieder hat die Erzählung eine scharfe Pointe, die auch bei Pausanias nicht ganz verwischt ist. Wir sind nun in der Lage die **Abfassungszeit des von Konon und Pausanias gemeinsam benutzten**

---

126) Zweifelhaft kann man etwa sein bei Kon. 24 = Paus. IX 31,7; Kon. 45 = Paus. IX 30.

Handbuches ziemlich genau zu bestimmen: sein Verfasser muss nach Poseidonios geschrieben haben. Da Konons Schrift dem König Archelaos von Kappadokien gewidmet, also nach dem Jahr 34 geschrieben ist, erwachsen von dieser Seite unserer Annahme keinerlei Bedenken.

Ob nun in diesem Buche ausschliesslich Geschichten mit ätiologischer Wendung enthalten waren, kann naturgemäss a priore nicht entschieden werden. Nehmen wir es aber einmal an. Für ein solches Buch eigneten sich vornehmlich Sagenerzählungen, welche die Erklärung von Namen oder Beinamen, von Kulten und merkwürdigen Gebräuchen, endlich von sprichwörtlichen Ausdrücken gaben. Bei Konon stehen auch wirklich Erzählungen von all diesen Kategorieen; aber auch unter den Geschichten, welche dem Ephoros und dem Hegesippos zugeschrieben wurden, befinden sich solche, so dass man nicht etwa glauben darf, Konon hätte die ätiologischen Geschichten samt und sonders aus einem Buch abgeschrieben. Aber dies dürfen wir schliessen, dass unter den noch übrigen Geschichten wenigstens etliche aus demselben Kompendium stammen, von welchem oben die Rede war. Wir hoffen dies in einzelnen Fällen zeigen zu können. Für die Linossage (19) hatte Knaack den Kallimachos als Quelle nachgewiesen; wir sahen aber oben (Anm. 17), dass die Behandlung der Sage bei Konon-Pausanias die Annahme einer Mittelquelle — des Kompendiums — rätlich erscheinen lässt; ist dies richtig, so dürfen wir den Schluss ziehen, dass die andere Erzählung, für welche Kallimachos als Quelle nachgewiesen worden (49 Anaphe), durch eben dieselbe Mittelquelle in den Konon gelangt ist. Wenn es dem Kallimachos in seiner Elegie um das Aition der Namen Aigletes und Anaphe zu thun war, Konon aber und genau ebenso die apollodorische Bibliothek in eigentümlicher Weise abweichen, indem sie die Ableitung des Wortes αἰγλήτης ausser acht lassen, so werden wir wiederum hierdurch für Erz. 49 auf die Annahme einer Mittelquelle hingewiesen.

Für die Erzählung von Herakles und dem lindischen Bauern (11) hat Knaack des Apollonios von Rhodos κτίσεις als Quelle wenn nicht erwiesen, so doch wahrscheinlich gemacht; wiederum bietet die Bibliothek eine Parallelstelle, zwar kurz aber genau zu Konon stimmend, die hier noch Platz finden mag (II 5, 11, 8): διεξιὼν δὲ 'Ασίαν Θερμυδραῖς, Λινδίων λιμένι, προσίσχει. καὶ βοηλάτου τινὸς λύσας τὸν ἕτερον τῶν ταύρων ἀπὸ τῆς ἁμάξης εὐωχεῖτο θύσας. ὁ δὲ βηλάτης βοηθεῖν ἑαυτῷ μὴ δυνάμενος στὰς ἐπί τινος ὄρους κατηρᾶτο. διὸ καὶ νῦν, ἐπειδὰν θύωσιν Ἡρακλεῖ, μετὰ κατάρῶν τοῦτο πράττουσι. Die Übereinstimmung wird den nämlichen Grund haben wie bei der einen (49) der aus Kallimachos geflossenen Geschichten. Auch Erz. 2, ebenfalls von Knaack mit Glück auf Apollonios (Καύνου κτίσις) zurückgeführt, wird nun aus dem Handbuch geflossen sein.

Wenn aber alles dafür spricht, dass Konon die von den genannten alexandrinischen Dichtern herrührenden Erzählungen aus einer Mittelquelle genommen hat, so werden wir auch bei den anderen Erzählungen, welche auf die hellenistische Periode als ihre Entstehungszeit hinweisen, nicht an ein direktes, sondern an ein indirektes Abhängigkeitsverhältnis Konons zu den Alexandrinern zu denken haben. Das eben Bemerkte bezieht sich auf Erz. 8 (Kanobos), 24 (Narkissos), 45 (Orpheus), alles Stoffe alexandrinischer Dichtung. Auch 35 (Apollon Gypaieus) gehört offenbar dieser Zeit an.

Somit haben wir für das mythologische Kompendium elf Erzählungen gewonnen. Vier davon betrachteten wir als zusammengehörig, weil sie einerseits dem Konon und dem Pausanias gemeinsam sind, andererseits alle ätiologischen Charakter zeigen. Bei den übrigen wurde weder das eine noch das andere Kriterium verwertet; nun sehen wir aber, dass diese Geschichten sämtlich ätiologisch sind, und man wird keinenfalls mehr sagen können, dass dies blosser Zufall sei. Darum muss es auch zweifelhaft erscheinen, ob die Sage von Oinone (23), welche Spuren dichterischer Bearbeitung zeigt, aus diesem Kompendium herrührt; ätiologisch ist sie nicht [127]). Aber unter den übrigen ist noch eine Anzahl von solchen, die als ätiologisch zu bezeichnen: 1 Midas — ὄνου ὦτα, 3 Lokroi Epizephyrioi, 9 Semiramis-Ninos, 34 Διομήδειος ἀνάγκη, 39 Apaturien, endlich 21 und 12 Dardania und Ilion. Bezüglich der Erz. 34 sahen wir schon oben, dass sie aus einem Handbuch geflossen zu sein scheint.

Späteren Untersuchungen wird es vorbehalten bleiben solchen „Handbüchern" näher zu kommen, Schritt für Schritt. Uns genügt es die Existenz eines derselben festgestellt zu haben. Der Gedanke, dass die mythologische Forschung mit derartigen Mittelquellen zu rechnen hat, ist noch nicht alt, und schon jetzt lässt sich dies

---

127) Gutschmid glaubte darin das Aition des ὕβρεως λίθος zu finden

sagen: es hat nicht ein derartiges Handbuch gegeben sondern etliche (s. auch Bethe Quaestiones Diodoreae mythographae 98). Mit kluger Vorsicht hat Knaack (Hermes XXIII 141) die nachfolgenden Sätze geschrieben: „er (Philostratos) muss ein umfängliches Werk vor sich gehabt haben, in welchem die Sagen im wesentlichen nach hellenistischen Bearbeitungen erzählt waren; auch fehlte es nicht an Zitaten. Die Existenz eines ganz adäquaten Werkes hat Erich Bethe in seinen schönen qu. D. m. erwiesen; ich wage noch nicht beide zu identifizieren, will aber wenigstens auf die überraschende Ähnlichkeit hingewiesen haben". Knaack bezieht sich zunächst auf die Erzählung von dem lindischen Bauern (Konon 11 = Apd. II 5, 11, 8 = Lactant. inst. div. I 21 = Philostr. imag. II 24); der Gelehrte hat recht daran gethan, das Handbuch, dessen Vorhandensein er aus Philostratos bewies, nicht ohne weiteres mit dem von Bethe nachgewiesenen zu identifizieren. Sie sind nicht identisch.

Aus Diodor, sagt Bethe in der gen. Schrift 94 f, gehe hervor, dass in dem Handbuche folgende Sagen enthalten waren: Herakles u. s. Söhne, Theseus, Ixion, Asklepios, Pelops, Tantalos, Niobe, Daidalos; Stammbäume von Tektamos, Aiolos, Asopos, Teukros, Kadmos; Sagen von Oidipus, Sieben gegen Theben, Epigonen, Argonauten. Auf Grund dessen vermutet Bethe, gewiss mit Recht, dass der Verfasser seines Handbuches die ganze Sagengeschichte behandelt habe. Den grossen Stoff aber verarbeitete der Vf. in der Weise, ut generum stemmata construeret atque uniuscuiusque herois aut heroidis facinora et fata breviter narraret, also ganz so, wie es in der apollodorischen Bibliothek geschehen.

Man sieht: bei manchem ähnlichen Charakterzug (Varianten!) passt die ganze Einrichtung, welche Bethe für sein Handbuch annimmt, durchaus nicht zu der Einrichtung des aus Konon erschlossenen Kompendiums. Für die Art von Büchern, von welcher uns in der apollodorischen Bibliothek ein Exemplar vorliegt, war doch durch die Zeit, durch das Ende der Sagenwelt ein Schluss geboten, soviel einzelne Sagen auch nach der Zeit der Nosten und nach der Rückkehr der Herakliden noch erblüht sind. Selbst von den Erzählungen aber, für die wir in erster Linie das Kompendium als Quelle annehmen konnten, sind mehrere weit jünger als die Zeit der Götter- und Heldensage (18,43). Auch 35 (Apollon Gypaieus) ist auf dem Boden einer späteren Zeit erwachsen. Diese Erzählungen fehlen denn auch in der apollodorischen Bibliothek, ganz einfach aus dem Grunde, weil für sie kein Platz darin ist. Wir sind also gezwungen, für Konon als Quelle ein Buch anzunehmen, welches einzelne Sagenerzählungen enthielt. Die Zeit der Abfassung aber ist leicht möglich die Zeit der cantores Euphorionis, die Zeit des Hellenismus in Rom, da Parthenios dem Cornelius Gallus die Schrift περὶ ἐρωτικῶν παθημάτων widmete, auf dass er Stoffe zum Dichten habe. Diese Schrift ist nicht die einzige ihrer Art gewesen. Das Kompendium, aus welchem Konon schöpfte, mag einen ganz ähnlichen Zweck verfolgt haben; nicht wenige Stoffe waren aus alexandrinischen Dichtern entlehnt, ja die meisten der ätiologischen Sagen bei Konon, die nicht auf Hegesippos, nicht auf Ephoros zurückgehen, haben zu verschiedenen Zeiten poetische Bearbeitung gefunden.

Zwischen Parthenios und Konon haben sich Berührungspunkte gefunden; sie erklären sich nunmehr teils aus der gemeinsamen Benutzung des Hegesippos, teils aus der Benutzung des Kompendiums durch Konon.

Was gegen die Identität des von Bethe erschlossenen und des von uns für Konon angenommenen Kompendiums spricht, ist noch dieses: mit Diodoros berührt sich Konon nur in folgenden Geschichten 3, 12 und 21, 17, 25, 28, 47. Bezüglich Erz. 3 sahen wir, das Diodor die echte Sage giebt, Konon eine willkürlich zurechtgemachte; 17 (Syleus) ist mindestens der Schauplatz der Begebenheit ein anderer als bei Diodor; 25 (Minos-Daidalos) die Tendenz vollständig verschieden; 28 geht Diodor Konon gegenüber mit Plutarch, 47 geht Diodor mit der Bibliothek zusammen. So bleiben nur übrig 12 und 21.

Hier, bei der Geschichte des Dardanidenstammes, ist in der That eine weitergehende Ähnlichkeit vorhanden. Sie erklärt sich aber, zumal wenn wir bedenken, dass es genealogische Auseinandersetzung ist, zur genüge durch die Thatsache, dass beide Berichte — Konon 21 + 12 und Diodor IV 75 auf Hellanikos zurückgehen. Die Vorlage braucht darum nicht eben dieselbe gewesen zu sein. Diese Stelle des Diodor ist von Bethe p. 46 zum Ausgangspunkt einer Vergleichung des Diodor mit der apollodorischen Bibliothek gemacht worden. Kein Zweifel: der Stammbaum stimmt überein, beide Berichte gehen auf Hellanikos zurück. Ich halte auch Bethes Resultat im ganzen für unanfechtbar, woher kommt es aber, dass die Übereinstimmung zwischen Konon und Apd. III 12, 1—3 grösser ist als die zwischen Diodor einerseits und Konon und Apollodor andererseits? Die Übereinstimmung zwischen Konon und Diodor ist nirgends so gross, dass wir gezwungen wären die direkte Benutzung ein und derselben Vorlage zu statuieren. Dasselbe Kompendium, welches dem Konon vorlag, hat also Diodor nicht benutzt, wohl aber eines, welches bei einer im übrigen ganz anderen Einrichtung zum Teil die Sagen in ganz ähnlicher Fassung bot.

Die Themen, welche von Apollodor und Konon behandelt werden, sind die folgenden: Orpheus Apd. I 3,2 = Konon 45, Thamyras Apd. I 3,3 = Kon. 7, Nachkommen des Deukalion Apd. I 7, 2.3 = Kon. 27, Endymion-Aitolos Apd. I 7, 5.6 = Kon. 14, Kyzikos Apd. I 9, 18 = Kon. 41, Apollon Aigletes Apd. I 9,26 = Kon. 49, Herakles in Lindos Apd. II 5,11 = Kon. 11, Syleus Apd. II 6,3 = Kon. 17, Hippotes Apd. II 8,3 = Kon. 26, Althaimenes Apd. III 2,1 = Kon. 47, Dardaniden III 12, 1—3 = Kon. 21 + 12, Oinone Apd. III 12,6 = Kon. 23, Tereus Apd. III 14,8 = Kon. 31. Nur bei ein paar Sagen aber — Anaphe, Herakles in Lindos und der Geschichte der Dardaniden — ist man genötigt dieselbe Vorlage für Konon und Apollodoros anzunehmen. Der Verfasser der Bibliothek hat also in einigen Fällen seinen Hauptführer bei Seite gelegt und zu einem anderen Gewährsmann gegriffen, der sich vermöge der Einrichtung seines Buches zu einer durchgehenden Benutzung allerdings nicht eignete.

Es hat hiernach den Anschein, dass die Erzählungen 12 und 21 des Konon, auf Hellanikos zurückgehend, von ihm aus derselben Vorlage abgeschrieben sind, wie die, welche auf Dichter zurückgehen. Der unbekannte Gewährsmann hätte sich dann nicht auf die Benutzung von Dichtern beschränkt, sondern auch Historiker herangezogen. Sein Buch hat sich ziemlich lange erhalten; Pausanias hat es benutzt und das von Philostratos herangezogene Kompendium dürfte mit ihm identisch sein.

Freilich bleibt nun eine Anzahl von Geschichten übrig, welche sicherlich nicht in dem bisher besprochenen mythologischen Kompendium gestanden haben. Für die Erzählungen 37 und 40 hat Konon einen Euhemeristen zur Vorlage gehabt. Von Erz. 5 wurde schon bemerkt, dass sie schwerlich aus Timaios direkt geflossen ist; sie kehrt mehrfach wieder und war in Mirabilien- und auch wohl andere Erzählungsbücher übergegangen. Und ein Buch mit allerhand Erzählungen muss dem Konon noch zur Hand gewesen sein. Wir rechnen zu den hieraus genommenen. Geschichten ausser 5 noch Erz. 16 (ursprünglich Theophrastos περὶ ἔρωτος), 22 (gemeinsam mit Ailianos), 38 (bei Stobaeus unter dem Titel περὶ ἐπιορκίας), 42 (Tierfabel, ursprünglich aus Philistos) und 50. Dieses Erzählungsbuch mag zum Teil der Grund der Berührungspunkte gewesen sein, welche Photios (s. d. Einleitung) zwischen dem Buche des Konon und des Nikolaos παραδόξων ἐθῶν συναγωγή fand. Bei der Dürftigkeit der Reste, welche von dieser Schrift des Nikolaos auf uns gekommen sind, sind die Berührungspunkte heute nicht mehr erkennbar. Eine gemeinsame, in beiden Büchern stark benutzte Quelle war auch Ephoros; auch er konnte in manchen Punkten eine Übereinstimmung herbeiführen.

Nachträge und Berichtigungen.

S. 9,3] Die Korrektur Σίθων für Οἴθων rührt von Heyne her.

S. 13,13] statt προσέπεμψε l. προσέπεμπε.

S. 51] Für die Sage von Kaunos-Byblis hat sich, wie Knaack mir gütig mitteilt, ein noch älterer Zeuge gefunden in Demon (bei Crusius Anal. ad paroem. gr. 135); bei ihm geht die Liebe schon von Byblis aus, und Anm. 30 ist danach zu berichtigen.

S. 52] Zur Stütze der von Knaack als kontaminiert bezeichneten Angabe des Philostr. im. II 24 hat Maass DLZ 1888 Sp. 1641 Ammian. XXII 12,4, wo ebenfalls Thiodamas agrestis homo Lindius auftritt, ins Treffen geführt; vorläufig hat Maass aber weder Knaack noch mich überzeugt; die Annahme, dass beide Gewährsmänner aus einem Handbuch geschöpft haben, in welchem bereits Kontamination vorlag, liegt nahe genug.

S. 56] Zum Thema Proteus vgl. E. Maass im Hermes XXIII 72.

S. 65 A. 64] In Thorikos ist, woran Knaack mich erinnert, auch Kephalos zu Hause, cf. Antonin. Lib. 41, v. Wilamowitz im Hermes XVIII 422.

S. 66] Die Ähnlichkeit zwischen den Berichten über Syleus bei Diodor und Apollodor hat auch Bethe Quaestt. Diod. myth. 69 bemerkt.

S. 70] In der Wochenschr. f. kl. Phil. 1888 Sp. 299 f hat E. Bethe gezeigt, dass Knaacks Untersuchung zum ersten Teil von Kon. 41 ein unsicheres Resultat geliefert hat, da Hansens Hypothese, auf welcher K. fusst, in der Luft schwebt. Das Argument aus Mela ist gefallen, und auf Ephoros führende Spuren wie § 90 (Besiedelung Kyme's durch Amazonen = Eph. Fr. 87) und § 98 (s. oben Anm. 71) genügen noch nicht, um Schlüsse darauf aufzubauen; immerhin bleibt es wahrscheinlich, dass Konon den ersten Teil der Erzählung aus derselben Quelle hat wie den zweiten.

S. 78] Das Epigramm auf Prothoos gehört zum Peplos, s. Bergk PLG II 349,28, Rose Arist. Fr. p. 401.

S. 102] In die Melanthossage hat E Maass durch seine in hohem Grade produktive Rezension von Töpffers „Attischer Genealogie" Gött. Gel. Anz. 1889, 803 ff erfreuliches Licht gebracht. Mit Recht schreibt er die rationalistische Umdeutung der Sage, wonach Melanthos der Betrüger war, dem Ephoros zu. Dadurch wird noch klarer, dass Eph. nicht Quelle für Konon 39. Quelle nach Maass die Atthis.

Übersicht.

I.

	Seite		Seite
Konon und Pausanias	36	Hegesippos	53
Timaios	41	Ephoros	68
Hellanikos	42	Poseidonios	82
Hegesianax	45	Erzählungen, welche bestimmten Autoren nicht zugewiesen werden können	84
Andron	48		
Kallimachos	49		
Apollonios	50	Zusammenfassender Teil	106

II.

Erzählung	Quelle	Seite
I	K * ?	84. 109
II	Apollonios K.	50. 109
III	K ?	85. 109
IV	Hegesippos	64
V	Timaios	41. 103. 112.
VI		88
VII	Hegesippos	65
VIII	K	89. 109
IX	K ?	90. 109
X	Hegesippos	53
XI	Apollonios K	52. 106
XII	Hellanikos K	42. 109
XIII	Hegesippos	62
XIV	Ephoros	69
XV		91
XVI		91. 113
XVII	Hegesippos ?	66
XVIII	K	31. 107
XIX	Kallimachos K	38. 108
XX	Hegesippos	45

* K = mythologisches Kompendium.

Erzählung	Quelle	Seite
XXI	Hellanikos K	42. 109
XXII		91. 113
XXIII	Hegesianax ?	45. 106
XXIV	K	92. 109
XXV	Ephoros	75
XXVI	Ephoros	77
XXVII	Andron	48. 106
XXVIII	K	33. 107
XXIX	Ephoros	78
XXX	Ephoros ?	81
XXXI	K	94
XXXII	Hegesippos	55
XXXIII	Ephoros	89
XXXIV	K	99. 109
XXXV	K	101. 109
XXXVI	Ephoros	71
XXXVII	Euhemerist	—
XXXVIII		101. 113
XXXIX	Atthis K	101. 109
XL	Euhemerist	—
XLI	Ephoros	70
XLII		102. 113
XLIII	Poseidonios K	82. 106
XLIV	Ephoros	79
XLV	K	103. 109
XLVI	Hegesippos	59
XLVII	Ephoros	73
XLIX	Kallimachos K	49. 108
L		105. 113